粟谷佳司

表現の文化研究

鶴見俊輔・フォークソング運動・大阪万博

新曜社

はじめに

社会的な世界においてひとびとはどのように物事を協同して行うのか。

本書は、戦後日本の表現文化を事例に、そこで活動した思想家や実践者たちの活動について考察するものである。その中でも特に表現文化が社会文化状況とどのように交差したのかという観点から考えていく。

ここで研究の対象とするのが、１９６０年代半ばから70年ごろの日本の表現文化の諸相である。表現については、本書で言及する「限界芸術論」という非専門家である素人が活動するという契機から、「ひとびと」が表現を行うことで生み出される文化について考えていきたい。素人の表現活動というのは、デジタル空間という表現を行うことをサポートする環境が整備されたことによる現在の文化を考える上でも示唆に富むものである（→第４章）。そして、本書ではそのような表現文化が大衆文化と協同しながらオーバーグラウンドに浮上してきた時期として、60年代後半の表現活動から70年の大阪万博における芸術表現に注目している。

本書で最初に考察するのが、芸術・文化を市民運動とも関わらせながら行動し、「限界芸術論」という思想を紡いでいた思想家の鶴見俊輔である。鶴見の１９６０年代は、市民運動と思想が行動によって実践されていたと考えられる。ここを外して鶴見を語ることは難しい。鶴見は自身の言説の中に行動（運動）の方法となるものを織り込みながら批評を行っていた。本書では、それが複合的な空間（や場所）や状況の中でどのように生成、展開されていたのかについて考える[1]。

本書は最初に、鶴見における人間関係のネットワークと彼の文化論である「限界芸術論」について音楽文化との関連から考察する。その音楽文化の事例としては、１９６０年代半ばから70年ごろの日本におけるフォークソング運動を取り上げる。特に、鶴見の活動のネットワークのなかで交差するフォークシンガーや批評家の活動から、鶴見の「限界芸術論」が音楽文化においてどのように共振するのかについて考えたい。

鶴見はこれまで、何度か流行歌について語っている。そして、鶴見の「限界芸術論」は60年代末から70年ごろの日本におけるフォークソング運動に関する言説に影響を与え「使用」された。ここから、その時代の文化との関わりの一断片が見えてくるだろう。

また、フォークソング運動は、アメリカを中心とした文化の日本へのローカライゼーションという側面もある。グローバル化のプロセスにおいてはアクターが存在する[2]。これはヒトだけに限られないのだが、本書において注目するのがアクターである知識人、ミュージシャンや批評家と、その表現されたものである音楽や一連の書かれたものも含まれるテクストである。特に音楽文化との関係において、当時の日本社会においてフォークソングがどのような文化的な位相にあったのか、またそれがアメリカ文化の日本におけるローカライゼーションという観点からどのように捉えられるのか、それが表現文化の空間においてどのように考えることが出来るのかについて考察する。そして、表現文化であるフォークソング文化を捉える視座として取り上げるのが、協同という活動である（→第1章）。

鶴見の思想と行動は、彼の文化論からも総体的に考えられる。これはちょうど同時に進行していた「べ平連」（ベトナムに平和を！市民連合）の運動とも連動しているものである。そして、文化産業に媒介された対象においても、それに関わる大衆へのまなざしは一貫している。これは鶴見が60年代に言及している「大衆の時代」や「大衆文化」とも関係する。この時期は同志社大学文学部新聞学専攻の教授であった。そして鶴見は大衆文化論の海外の業績を大学や思想の科学の関係者たちと翻訳している。

鶴見は、限界芸術論においても大衆文化における限界芸術的なものを探っている。それを鶴見の『限界芸術論』から本書では言及していきたい（→第2章）。

ここから、片桐ユズルを始めとしたキー・パーソンとフォークソング運動を考察していく。そうすることで、戦後日本の文化史において現在でも振り返ることが有益であると思われる文化実践が明らかになる。そして、1980年代には鶴見はこれまでの思考を持続しながら大衆文化と市民運動の関わりを読み込んでいる。それが、『戦後日本の大衆文化史』である（1979年から80年のカナダのマギル大学での講義の後半部分。前半は『戦時期日本の精神史』として出版された）。鶴見は歴史的なパースペクティブから文化を捉えているのである。それは市民社会の発生についても同様で、鶴見は翻訳語について日本（語）とどのような関係にあるのかを考察していた（たとえば、ジャーナリズムの語源への言及など）。

また、本書で特に考えていきたいのが、鶴見が関わった市民運動である「べ平連」と交差しながら展開されていたもう一つの側面、すなわちフォークソングによる音楽文化との関係である。音楽文化に言及することにより、戦後日本の大衆文化の研究にも広がりを得ることができるだろう（→第3章、第4章）。そこでは共時的な分析とは異なるものである、むしろ歴史的なパースペクティブが導入されているのである。そうすることで、歴史的な時代における状況の比較という視点から文化を考察することが可能になる。

コラムでは、２０２１年に出版された全日本フォークジャンボリーに関わる資料についての書評を掲載した。フォークジャンボリーは、１９６０年代後半からの日本のフォークソングの動きを考える上でも重要な意味を持つ野外イベントであった。

また、第5章では１９６０年代後半の社会・文化状況における表現文化の研究に視座を広げて、市民運動とも交差した表現者たちの行動を１９７０年の大阪万博という空間から考えたい。ここでは、その後の芸術文化の萌芽ともなるいくつもの実践を見ることが出来るのである。本書では、それを表現者の活動から考察する。

終章では、方法論として表現文化研究の諸相について取り上げて本書の結びとしたい[3]。

表現の文化研究——鶴見俊輔・フォークソング運動・大阪万博＊目次

装丁＝加藤光太郎

第1章　「大衆の時代」の表現と市民運動——鶴見俊輔と文化

1　鶴見俊輔と大衆の文化

ここでは鶴見俊輔が１９６０年代に言及している社会と文化の状況から、市民運動や関係する「ひとびと」が表現文化とどのように交差していたのかということを考察していく。鶴見は１９６０年代には、60年5月に日米新安保条約の決議に対して東京工業大学を辞職、61年9月には同志社大学に教授として迎えられて教育と研究を行う（黒川 2018: 297–298, 325、鶴見 1997=2008: xxxiv 以下）。大学外ではべ平連運動を始めるのもこの時期である。これを鶴見の編著の書名ともなっている「大衆の時代」をキーワードに考える。

鶴見の思想の中には大衆文化との関わりとともに構想されてきたところがあり、この文脈で読む必要があるのが１９６７年の『限界芸術論』だろう。特に鶴見の限界芸術論と大衆文化論の関係は本書で鍵となるテーマである。

限界芸術論については次章で取り上げるが、限界芸術は純粋芸術や大衆芸術とは異なる、非専門家による非専門家のための行動から生まれる文化を芸術として分析するものであった。本章では、むしろ大衆芸術に限界芸術が入り込む契機やその関係を、鶴見の思想と関係者の言説から複合的に考察する。そのためにここでは、鶴見の限界芸術論における音楽文化論について言及する。鶴見の大衆文化論は漫画論が最近では文庫として編集されているが、音楽についても何度か重要な論考を著していた。それは、「流行歌の歴史」という、『日本の大衆芸術』が初出のその後『限界芸術論』という題名を持つ書物に収録された論考である。そして、この論考は限界芸術論の応用としても重要であることが分かるのである。「流行歌の歴史」には、限界芸術と大衆芸術との関係について興味深い記述が見られる。たしかに、鶴見の限界芸術論の理論的前提である「芸術の発展」には、柳田國男の民謡論が収録されているので、鶴見の音楽文化論はそこからも読み取れる。鶴見と交流しながら関西のフォークソング運動の理論的な記述を行っていた片桐ユズルも、柳田の民謡論に言及しながら替え歌について書いていた。

ここでの事例としては、鶴見の理論を応用した関西のフォークソングと、それが60年代という時代の中で、市民運動とも交差しながらどのように音楽文化を生成させていたのかを考えていく。

鶴見は大衆文化研究と社会思想、哲学の学者、批評家、そして活動する知識人として、大学という組織や言論、市民運動、書物などとともに思想と文化を形成していったのであり、キー・パーソンの一人であった。そして、鶴見の思想や行動は人々をつなぎながら展開された。それを、これから1960年代後半を中心に鶴見が関わった集団や場所におけるコミュニケーションやネットワークを考えながら、関係者がどのように位置づけられていたのかについて考察する。[1]

まずは、鶴見をめぐる状況を考えるために、彼が関わった集団や場所について見ていくことにしたい。

2　集団と場所におけるコミュニケーション、ネットワーク

1960年代の鶴見が関わる領域はいくつかある。この時期には、鶴見は京都の同志社大学において、1961年から70年まで文学部社会学科新聞学専攻の教授として研究と教育を行っていた[2]。研究においては、『限界芸術論』を始めいくつかの著書、編著を発表している（『折衷主義の立場』『講座コミュニケーション』『現代日本思想体系12　ジャーナリズム』『現代日本思想体系4　平和の思想』『大衆の時代』など[3]）。

本書で最初に注目するのが、「ベトナムに平和を！　市民連合」（以下、べ平連）という運動体での活動である[4]。べ平連は1965年に『思想の科学』の編集や「転向研究会」に参加し（鶴見 1997=2008: 561）「声なき声の会」[5]で事務局を務め、鶴見とともに活動していた政治学者の高畠通敏と鶴見が、アメリカが北爆を開始したことに対してベトナム反戦運動を起こそうと相談をして小田実を中心にして結成された（鶴見・上野・小熊 2004: 360-361、鶴見・小田 2004: 15-16）[6]。その活動を伝えるのがミニコミ新聞である『べ平連ニュース』であり、それは1965年10月に創刊された。

そして、芸術・文化・知識人たちが交差した「べ平連」という運動体の活動は、様々な人物が関わっていたのである。その一つとして取り上げるのが、市民運動と芸術・表現文化との交差であり協同

である。例えば、『べ平連ニュース』は1965年には鶴見らの人的ネットワークにより『ニューヨーク・タイムズ』に、1967年には『ワシントン・ポスト』に反戦広告を出している。ここに関わっていたのが、美術家の岡本太郎であった。岡本については第6章でも取り上げるが、「殺すな」のタイポグラフィーなど「べ平連」において象徴的な活動を行っている。そして、「日米市民会議」（1966年8月）[7]には片桐ユズルが通訳として参加していたり、[8]66年10月に来日したサルトルとは集会を開いている。[9]

また『べ平連ニュース』には、中川五郎や室謙二、片桐ユズルなどの文章も掲載されており、1967年1月にはフォーク歌手のジョーン・バエズを集会に呼んでいる（1967年1月25日べ平連集会「みんなでベトナム反戦を！」ジョーン・バエズとともに」社会文化会館ホール）。[10]集会では、高石友也のライブや片桐のスピーチなども行われていた。[11]この集会の記事は、『ワシントン・ポスト』紙へ掲載する全面広告を予告する記事と同じ一面に掲載されている（1967年2月1日号）。そして、バエズの記者会見も同じ面に掲載されている。ここからも「べ平連」という活動は、その運動のなかに文化や音楽が実践として使用される領域を作っていたといえるだろう。このような文化的な活動実践は本書で特に重視する側面である。[12]

さらに、鶴見や片桐らが関わった場所として注目するのが『思想の科学』である。ここには彼らの活動に関する論考が折に触れて掲載されていた。彼らの活動が協同される言説の空間として、複合的な契機が交差するものとして本書で注目するところである。『思想の科学』は鶴見、武谷三男、武田清子、都留重人、鶴見和子、丸山真男、渡辺慧によって1946年に創刊されるが（安田 1992: 213、鶴見 2009: 2 など)、ここは鶴見が大学教員になる前から活動を行っていた空間であった。この時期には『思想の科学』においても鶴見の活動における人的ネットワークが構築されていたのである。[13]

それから1960年代には、『思想の科学』は室や片桐が編集に関わっており、また山口文憲らべ平連に関係する人物も交差していた(鶴見 1997=2008: 564-565, 568など)。そして、『べ平連ニュース』には『思想の科学』の広告が掲載されている。

加えて、この時期のべ平連と『思想の科学』の関係者は、『フォーク・リポート』や『ニューミュージック・マガジン』といった音楽文化に関わる雑誌においても人脈が交差していたのである。また、『人間として』『展望』などを中心とした論壇誌に関係者は執筆している。鶴見や小田は『世界』にも執筆している。論壇を中心に複数の雑誌媒体にも活動の領域が形成されていたのである。

このように、鶴見を中心とした複数の人脈と場所が交差し協同した領域が指摘できる。そして人的なネットワークにおいては、いわゆる思想の領域が論壇誌のみならず音楽雑誌などのポピュラーな領域においても交差していたのである。もちろん、鶴見は1970年までは大学教授として学生を指導し、研究活動を行う学者であり、学者としての活動の中で『限界芸術論』を始めとする業績を挙げていた。例えば、本書で言及するフォーク歌手の中川五郎も、鶴見が勤めていた大学(同志社大学)を受験し入学していた。また、鶴見は大学という空間(京都大学、東京工業大学、同志社大学)において、桑原武夫や和田洋一らとの関わりのなかでも業績を挙げていたのである。たしかに、鶴見は大学という場所において活動していたが、大学のみにネットワークが限られていたわけではなかった。それは、べ平連や『思想の科学』の活動からも理解できる。[14]

以上のような場所や集団によるコミュニケーションとネットワークからも、鶴見の思想は紡ぎ出されていたと考えられる。次に、鶴見の60年代における思考と行動、活動を捉える視点として、本書のテーマの一つである市民運動や「ひとびと」の問題について取り上げていきたい。

3 「大衆の時代」における「ひとびと」

ここで考えたいのは、鶴見における「大衆」「市民」という概念は、彼の思想と行動、活動の中で常に存在していたといえるということである。鶴見は、「大衆」「市民」へのまなざしから市民運動という契機を捉えていたというところが、彼の論述からもうかがえる。もちろん、鶴見は彼の初期の研究から「大衆」とその文化には言及していた。また、このような存在を捉えるのに、鶴見に関する論考を書いていた市井三郎が取り上げていた「ひとびと」という概念がある。この「ひとびと」については、『思想の科学』における「ひとびとの哲学」のプロジェクトが参照される。[15]「ひとびとの哲学」とは、鶴見和子によれば「はじめて雑誌［『思想の科学』］にあらわれるのが、1964年12月号」であり、それは「日本の民衆思想にどうやって近付くか」という「思想の科学」の方向であるという（『思想の科学　会報1』：16-19［ ］は引用者による補足）。[16]そして、市井は鶴見の「ひとびと」を「ひとびとの哲学」の研究から取り出しながら、「大衆」を「ひとびと」とイコールなものとして論じている。つまり、「ひとびと」を鶴見の思考の中で通底するものとして捉えているのである。また、市井は鶴見から「ただの〝ひとびと〟」の中に専門家をしのぐ存在があることを指摘している（市井

1976: 473-476)。ここでは、このような鶴見の捉える「ひとびと」としての「市民」「大衆」を中心としながら、社会や文化の研究における意義について考える。

鶴見の思考を「大衆」「市民」や「ひとびと」という活動する存在とともに捉えることは、戦後日本の表現文化を考えるときにも一つの参照点となるものである。鶴見が捉えるものは、『思想の科学』の初期の研究を始めとして、60年代の「声なき声」、あるいは「べ平連」の活動においても見られるものであり[17]、そして1980年代の著作である79-80年のカナダ・マギル大学での日本文化の講義の内容にまでそれは反響している[18]。

本書のテーマとしては、戦後日本の表現文化を市民社会との関係のなかでどのように評価するのかということが一つの課題としてあるのだが、ここではそれを鶴見の議論を手がかりにして、いくつかのケーススタディをもとに浮かび上がらせていく。これは、表現文化とその担い手が社会的な状況にどのように関与しながら市民社会の中で位置づけられるのか、ということを戦後文化史の研究とともに考察するための作業として構想されている[19]。またここで取り上げる事例は、戦後日本における高度成長期から消費社会と言われる時期の社会と文化へつながるものでもあり、文化や歴史に関する社会学的な研究課題としても設定されるものである[20]。

4　「市民」と市民運動

戦後日本において、60年日米安保条約改定に反対する運動の中から生まれた「声なき声の会」のようなグループの活動によって、新たに「市民」という概念が意味を帯びて浮上してきた[21]。鶴見に関しては、この「声なき声の会」からの流れは「べ平連」結成に関係する。鶴見は、「声なき声」が小林トミと高畠通敏を媒介として「べ平連」に結びつけたと述べる（鶴見 1996: 504）。鶴見の活動の場所としては、すでに言及したように、大学と「思想の科学」「べ平連」があった。鶴見は大学人としてだけではなく、批評と社会運動とが交差するなかで、彼の言説、運動を行っていたのである。

そして戦後日本において、１９６０年ごろを中心に「市民」という存在が「政治的主体を語る言説」（宇野編 2016）として意味を帯びてくる。また鶴見が「市民」を捉える時の思想の水脈には「ひとびとの哲学」があった。それは、先に確認したように『思想の科学』において「１９４６年12月頃」から始められた共同研究であり、鶴見は中心的な役割を果たしていたと言える。そこから、いくつかの研究成果が発表されている。

鶴見は「ひとびとの哲学」について方法論的な文章を書いている。そこでは、その対象について「一般人」「平均人」「大衆」「一般大衆」という言葉を使っていた（鶴見 1948=1992）。また、その研究方法として、方法論（調査に関する関係文献の内容を取り入れること）、直接的研究（当事者への調査）、間接的研究（当事者ではないリアリスティックな内容の小説の調査）、統計的研究（質問書の統計的分析）を挙げている（鶴見 1948=1992: 59-60）。天野正子によれば、鶴見は後に方法論について反省し、質問票による調査には戻らなかったということである（天野 1992: 116）。

「思想の科学」は、ひとつには、大衆を「知識人」により啓蒙されるべき、意識のおくれた集団とみる、従来の大衆と知識人の二項対立的なとらえ方を超える「方法」を手に入れ、さらには自分を知り自分の思想をきたえるために、積極的に異なる感じ方、考え方の「ひとびと」との対話や交信を重視する多元主義的な視点を、手に入れることになった。（天野 1992: 110）

天野によれば、『思想の科学』の実践は「人民大衆」という社会変革の主体とは一線を画していたという（同）。

あるいは「市民」については、『思想の科学』においても1960年代に「民衆」から「政治的主体として再定式化」（和田 2005: 259）されたとも言われているが、そのメルクマールとなるのが1960年7月号の『思想の科学』であろう。『思想の科学』は言説空間として重要な役割を果たしていたのである。

1960年7月号の『思想の科学』には、5月の衆議院における日米安保改定の強行採決について反対の声明が出された。そこで「市民」について議論が行われている。

久野収は『思想の科学』1960年7月号掲載の論考「市民主義の成立」において、職業的な市民というものを念頭に語っていた。また、学生も「市民学生」というように定義している。久野は、「職業人」と「労働者」とは区別していて、市民の職業人的側面と生活人の側面を指摘し地域にも言及している。

鶴見も、『思想の科学』1960年7月号において「人々」の「思想の私的な根」（鶴見 1960: 24）として「根もとからの民主主義」について言及している。鶴見はそれを、学生運動や大衆運動などにより浮かび上がるものとして考えていた。

そして『思想の科学』1970年6月臨時増刊号で、再び市民についての特集が組まれる（「特集'60～'70・ふたたび市民としての抵抗」）。鶴見はここで「死んだ象徴」を書いている。この号では、市民について見解が一致しているというよりも広がりの中で捉えられており、必ずしも市民という概念に賛成しない論者も含まれる。それは「編集前記」にも述べられているのである。

またその後、鶴見は80年代の著作である、カナダ・マギル大学での講義を日本語に訳した『戦後日本の大衆文化史』（1984年）[22]の中でも、「市民」について1章を使って説明していた。鶴見の『戦時期日本の精神史』とともに『戦後日本の大衆文化史』は、彼のキャリアを貫いてきた思想と文化に関する事例が歴史的なパースペクティブにおいて書かれたものであり、本書においても重視するものである。

ここでは「市民」という概念が、「理想概念」（理念的な市民）と「実態概念」（行政区分の市の住人）としてあったものが、60年代以降の「市民運動」の中で食い違いが生じていること、そして「市民運動」が日本の明治以前の社会の中での「村の伝統」「村の生活」に根を持って支えられつながっているということが述べられている（鶴見 1984: 167–191）。この後半部分は示唆的な記述である。というのも、鶴見は外来の言葉である「市民」を日本の近代文化や生活のなかから連続したものとして捉えているからである。そして、ここで市民運動とともに引用されているのが、サークルという文化活動であり、そのサークルの例として挙げられているのが、鶴見を同志社大学に呼んだ和田洋一が関係する京都の知識人グループによって発行されていた『世界文化』や『土曜日』のような言論雑誌であった。

また、鶴見はサークルを戦前からの知識人のグループと戦後のアマチュアの文化活動という流れの議論の中で語っており、ここでの「市民運動」は「民衆」や「大衆」とも交差していることが分かる。例えば、鶴見は「市民」を説明するときに「大衆運動」という言葉を何度も使用している。

ここで、鶴見が『戦後日本の大衆文化史』において述べていた、「市民」とも関わる「民衆」や「大衆」といったカテゴリーについて考えてみたい。鶴見は初期のころから、「民衆」については「大衆」と同じように使用していた。[23] そして、思想の科学研究会における成果の一つである『民衆の座』においては、「民衆」を「生活者」とも言い換え、その「伝記」を作ることで彼らの生活を捉えていたのである（鶴見 1955b）。また、この「生活者」は、60年代の久野収や鶴見らのべ平連あるいは「生活クラブ生協」などの新しい市民運動としてクローズアップされるということでもあった。[24]

そして「民衆」という言葉は、1960年代にはべ平連の運動や、これから本書で考察する関西を中心としたフォークソング運動において、アメリカを経由してきたものと日本の市民運動とも部分的に関わりながら、鶴見の「限界芸術論」が使用されることによってポジティブな存在として立ち上がってきていたのである。[25] また鶴見とフォークソング運動との関わりについては、鶴見は60年代の関西フォークソング運動を意味づけるときに重要なテクストの一つである、フォークソング歌手の、高石友也、岡林信康、中川五郎が書いた『フォークは未来をひらく』（高石・岡林・中川 1969）のカバーにコメントを寄せていたり、後に中川が雑誌『フォーク・リポート』に載せた小説がわいせつであるとして裁判になると、証人として証言を行っている（鶴見 1976a）。

あるいは、鶴見は「民衆の広場を作る運動」として、新宿駅西口広場で展開されていた「東京フォーク・ゲリラ」の活動についても言及している（鶴見 1969c）。鶴見の「民衆」の捉え方は、初期のころの『夢とおもかげ』における「大衆娯楽」と80年代の『戦後日本の精神史』における「民衆娯楽」への言及にまで考察されているものであり、行動しプロテストする「民衆」と、娯楽に興じる「民衆」「大衆」は鶴見の中で矛盾することなく存在しているものであると考えられる。そしてこの時期には、鶴見がべ平連運動のなかで「東京フォーク・ゲリラ」について述べているところでは、「市民」というより「民衆」という言葉が使用されていたのである。あるいは「大衆」については、次に見るように『大衆の時代』の解説のなかで、カルチュラル・スタディーズのオーディエンス研究にも通ずるような能動的な存在として捉えていた[26]。

このように、鶴見の思考においては、これらの言葉はそのバリエーションのなかで、明確に区別されるというよりも同じ地平にあり交差するカテゴリーとして捉えられているのである。そして、そこには歴史的なパースペクティブも活用されている。また「民衆」や「大衆」などとも関わるフォークソングにおける活動については、後に取り上げたい。

まず以下では、鶴見の思考に関して大衆文化論について考察を行っていく。

5　鶴見俊輔と「大衆の時代」

鶴見の大衆文化論としては、初期の『大衆芸術論』から『限界芸術論』、漫画論や、カナダ・マギル大学での講演（『戦時期日本の精神史』『戦後日本の大衆文化史』）などが挙げられる。そして、１９６０年代の鶴見は同志社大学の教授として学生の指導を行い、そこで『大衆の時代』を編集していた。学外においては「思想の科学」やべ平連での活動、そして本書において言及される片桐ユズルらと「記号の会」という研究会を行っていた。ここで注目するのが、『限界芸術論』『大衆の時代』『戦後日本の大衆文化史』を中心とした書物と、べ平連の活動において記された文章などである。その影響についても、これから考察するように、関西のフォークソング運動や、「東京フォーク・ゲリラ」については、片桐や室によって書かれた書物において鶴見の「限界芸術論」は彼らの活動を位置づけるものとして使用されていて、これらの運動には「限界芸術論」は重要な論考となっていたということである。

鶴見の大衆文化論は、１９５０年代の『大衆芸術』においても、映画やテレビ、ラジオなどが取り上げられているが[27]、テレビについて前景化されるのが１９６０年代の著作である。つまり、この時期にはテレビのようなマス・コミュニケーションに明確に言及しているということである。

そして、１９６０年代は、鶴見によって「大衆の時代」という時代状況として考察されていたのであった。これは60年代の鶴見が、教授（同志社大学）として行っていた研究も大衆文化に関するものが多く、そこではメディアへの関心とともに大衆の文化を捉えるという姿勢が明確化されていたからであったと考えられる。ちなみに、この時期の鶴見は、マス・コミュニケーション論や演習等を同志社大学で担当しており、大学院のシラバス（文学研究科、１９６９年）には、マクルーハンやマルクーゼの著作から「現代のマスコミュニケーション文化の可能性を論じる」ことが記されていた[28]。

鶴見は1969年の『大衆の時代』において、次のように述べる。

こうした人間の立場から、大衆文化を考えるならば、この大衆文化は、今日の資本主義諸国のマス・コミュニケーションの上に姿をあらわしていない大衆文化であり、マス・コミュニケーションのあたえる大衆文化にたいして、大衆が自分の私性の責任においてずらして解釈してゆく方向ではじめて大衆文化となる。（鶴見 1969b: 19）[29]

例えば、この文章の中で言及される「マス・コミュニケーション」あるいは、

現在の資本主義諸国のマス・コミュニケーションのつくりだす大衆文化の世界性にたいして、自分個人また自分たちの私性に依拠したえずこれを変形してゆくことが、私たちの日常の努力となる。消極的な防衛と見えるこの努力のつみかさねが、日常生活の部分で積極的な反撃とむすびつけられるならば、大衆文化にとって新しい道がふみかためられていく。（鶴見 1969b: 19-20）

上記のようなメディアの存在との関係の中で、「大衆」が「ずらして解釈」し「変形してゆく」という、働きかけによる能動性と大衆文化の可能性について言及されている。そして、この「ずらし」については、すでに1956年の「折衷主義の哲学としてのプラグマティズムの方法」において、プ

ラグマティズムとの関係から述べられていたのである（鶴見 1956=1961: 191）。これは、現在の視点からはカルチュラル・スタディーズの能動的なオーディエンス研究とも近い考え方であったと言えるだろう。鶴見によれば、戦時下では、集団のオピニオン・リーダー、大衆個々人、戦後は組合の幹部、共産党、社会党の地方支部がリードし、漫画も意味をずらす方法を教えたという。

あるいは、「大衆の時代」は「マス・コミュニケーション」というメディアの存在との関係の中から捉えられる。それは、『大衆の時代』が「つくられる大衆」「マス・コミュニケーションと大衆」「つくる大衆」という三つのセクションにおいて翻訳や日本の研究者らの論考が収録されていることからも分かるだろう。これが、鶴見の「大衆の時代」をめぐる研究と活動と言えるものである。それはまた、1960年代後半の鶴見の活動の中での大衆の評価の一つでもあった。それを次に見ていきたい。

6　大衆をめぐる政治と文化

大衆をめぐっては、鶴見の大衆論を市民運動との関わりにおいて評価した、高畠通敏と小田実を参照しよう。それを、吉本隆明と鶴見の「大衆」論から考察する。鶴見と吉本の間には、転向論を始めとする思想や政治、「大衆」の問題などについて批評が行われ対談が交わされていた。[30]

吉本は1964年の「解説　日本のナショナリズム」のなかで、鶴見の「生活綴り方運動」や「大衆」に対して批判を行っている。

それは、鶴見らが考察していた「生活綴り方運動」に見られるような、

「書く」大衆と、大衆それ自体とのげんみつな、そして決定的な相違の意味は、生活記録論やプラグマチズムによってはよくとらえられていない。

ということであった。

吉本はここで、

現実上の体験と、その体験を記録することのあいだには、千里の距りがあるということが、きわめて重要な意味をもつ（略）

というのである（吉本 1964: 9）。

吉本は自身の大衆論である「大衆の原像」において、大衆を「あるがままに現に存在する」ものとして捉えていた。そして、大衆を政治的、倫理的、啓蒙的に語ることには批判的であったのである。[31]

吉本の批判に対して、鶴見は「吉本隆明についての覚え書き」のなかで反論を行っている。鶴見は、吉本の「大衆の生活思想」が理論上措定されるものと実体を混同しているとし、それは「現実についての実証的分析を拒否する排他的信仰をつくり出す。」（鶴見 1964=1975: 463）と述べている。ここでは、鶴見は吉本の「大衆」という言葉をめぐる「カテゴリー」と「現実」の混同について指摘を行っ

ていたのである。

鶴見はすでに別の論考でも「大衆」を必ずしも実体とは同一視していなかった。鶴見は１９５９年の「大衆の思想」（鶴見 1959=1970）において、「生活綴り方・サークル運動」を考察する上で、「大衆」に定義を与えていたのである。ここで鶴見は「大衆」の定義は難しいとし、それを「思想的な意味における大衆ということに限定したい」（同：264）と述べる。そして「大衆」を「大学所属の研究者、更に商業雑誌の常連の執筆者となっている作家、評論家を除き、それ以外の人々の持っている思想的な生産性」と定義する（同：264）。また、「大衆を単純な、量的なかたまり、マスとしてではなくて、大衆の中の創造的な小集団を考えていくことが必要になる」と「その中に分裂を含んでいる」ようなかたまりではなく「小集団」を想定していたのであり（同：264）、鶴見は「大衆」の中に「思想性な生産性」を見ようとしていたのである。

そして高畠は、この鶴見の吉本論が収録されている『鶴見俊輔著作集』の解説において、鶴見と吉本における「知識人と大衆」について言及している。すなわち、鶴見にとってそれらはそもそも分けられるものではないというのだ。

> 大衆も思想主体であり、知識人も大衆的な欲望や実感の世界を内側にかかえている。両者はいわば役割の差であり、社会的制度によってとる機能のちがいの問題なのである。（高畠 1975:484）

ここで高畠は、大衆と知識人を分けるのではなく、むしろ役割や機能という観点から捉えている。つまり、両者は固定化されたものとしては想定されていないということである。

そしてこのことは、吉本と異なっているという。高畠によれば、鶴見は「ラジカルなリベラリズムつまりアナキズムの政治哲学を背景」として「大衆ひとりひとりが自立して、ゆるやかな連合をつくり権力に頼らずに相互扶助体をつくってゆく可能性を信じる。」（高畠 1975: 485）というのである。

高畠による鶴見の大衆観への解釈は、権力への抵抗だけに留まらない政治思想を含んでいる。それは自立した「大衆ひとりひとり」の連帯に関わるものであり、このことは鶴見の思想と行動の指標ともなるものである。それは「主体を軸とする折衷」（「折衷主義の哲学としてのプラグマティズムの方法」が参照されている）という「鶴見がアメリカで学んだプラグマティズムを、日本の大衆の思想発掘の方法としてつかいこなしながらつくりあげていった思想」であり「日本産のプラグマティズム哲学とそれを基盤とする新しい学問を打ち立てようという、彼の中でしだいに固まってきた決意の核にあるテーゼ」（以上、同：482）であるということである。

小田は、吉本と鶴見の60年代における対談「どこに思想の拠点をおくか」に対して言及している。それは、両者の「大衆」の捉え方の違いについてである。小田は吉本の世界の認識に対して違和感を示している。つまり、吉本は世界を地球儀のように把握しその外側に位置するというのだが、小田は自分自身が世界の状況に含まれているというのである（小田 1968: 176-177）。そして、鶴見の思想の「あいまいさ」に共感を示している。それは、鶴見が「大衆」の「あいまいさ」を取り上げているところと、吉本のいう「大衆」について、要するに戦争に行った大衆が上司に対して「ぼそぼそ」言う姿の両面を認めているのだが、吉本の「思想を原理として定立すれば、世界をすでに獲得する」ということについては、思想が異なりむしろ鶴見に共感していることを述べていたのである（同：78-180）[31]。

以上のように、鶴見の活動の場所と批評と市民運動が交差する中で、彼の言説、活動が行われていたのであった。

１９６０年代の鶴見は、人的なネットワークと関係しながら活動していた。そして、『思想の科学』とべ平連には相互に人物が関わっていた。あるいは、この時期の関係者は、『フォーク・リポート』や『ニューミュージック・マガジン』といった音楽文化に関わる雑誌においても人脈が交差していたのである。

また１９６０年の『思想の科学』において「市民」という対象がクローズアップされるのだが、これは市民運動と言説が交差していく側面があったのである。このような思考については、社会学者、天野正子の研究を参照しておきたい。天野は、初期『思想の科学』についての研究も行っており、そこから「生活者」という観点を導いて考察している。天野は、戦前の三木清や今和次郎、『思想の科学』「べ平連」などから「ひとびと」を「生活者」として「自律的な市民像」からその諸相を捉えているのである。そして、事例としては、生活クラブ運動を「新しい社会運動」として捉えていたのだ（天野 1992）。

このように、市民と運動をめぐる空間からひとびとの活動を捉えることは、文化を生み出す相互のネットワークを考えるための有益な視座を提供する。そして鶴見を中心とした思想と文化は、このような状況を含めて複合的に考察することによって見えてくるのである。

　これから鶴見の文化論を手がかりに、社会的な状況に関与しながら生成していった表現文化の諸相について見ていきたい。

第2章　限界芸術論からの表現文化

1　大衆文化と限界芸術

本章は、鶴見俊輔の文化論と戦後日本の表現文化に関わる問題について、鶴見の「限界芸術論」から「うた」に関する問題を取り上げる。そして鶴見の「限界芸術論」からの展開として、フォークソングという表現文化を分析する。特に、１９６０年代末から70年代前半の関西を中心とした日本のフォークソング運動から、それを戦後日本の表現文化史の問題として考察する。

鶴見の文化論における「限界芸術論」で取り上げるのは、大衆芸術との関係である。鶴見は自身の文化論のなかで、限界芸術とともに漫画や流行歌などの大衆芸術を分析していた。また、後に取り上げるように、鶴見はある事典の項目において「大衆芸術」を論じ、そこでは「大衆芸術」を「限界芸術」に結びつけることを強調していた（鶴見 1964）。このような大衆芸術と限界芸術の関係をよく示しているのが、流行歌に関する問題である。

そして、鶴見の議論とも交差する詩人で関西フォークソング運動を理論的に展開した片桐ユズルの活動を次章以降で考察する。片桐は、鶴見との交流を続けながら「限界芸術論」を応用していったのだが、片桐には、「限界芸術論」について言及する以前にも、鶴見からの影響がうかがえる。それが、鶴見のプラグマティズムの議論の受容である。片桐は、『詩のことば日常のことば』（1963年）において、アメリカ詩を分析するときに鶴見のプラグマティズムに依拠し、プラグマティズムについての方法である「折衷的方法」によって、記号が人間を行動へ方向づけていることを指摘しながら詩の描写の解釈を行っていた（片桐 1963: 187-193）。また、鶴見のプラグマティズムが引用されている『意味論入門』（1970年）においても、鶴見の「言葉のお守り的使用法について」を参照しながら、「誠意」という言葉をめぐって、それが「反対運動」を封じ込める意味に使われるようなレトリックを分析していたのである（片桐 1970: 192-193）[1]。そして、片桐による鶴見の議論などを応用した活動において、フォークソングを運動として捉えた時に問題となるのは、フォークソングにおける社会的な関わりについてである。このことについても考えていきたい。

本章ではまず、限界芸術と大衆芸術との関わりの中でも限界芸術の大衆芸術への広がりについて考察する。鶴見は、限界芸術そのものだけでなく、人々（ひとびと）の文化である限界芸術が大衆芸術という、マスメディエイトされた文化に取り入れられていくプロセスについても述べている。それを、流行歌の歴史に関する研究から考察する。そこから、メディア文化と戦後文化史における表現文化の研究として、1960年代末から70年代前半の日本の大衆文化の一つの断面を示すことが出来るだろう。そして、さらには鶴見の分析の、現在の表現文化研究へと続くポピュラー文化への適応可能性についても議論することが出来るのである。

2　限界芸術論、コミュニケーション史、プラグマティズム、大衆の文化

鶴見の「限界芸術論」を考える上で、鶴見のいう「コミュニケーション史」について見ておく。鶴見は、早い段階から「限界芸術論」とも関わる「コミュニケーション」（コミュニケーション史）についての研究を行っていた。鶴見はコミュニケーションを「記号」との関わりから「動物において見られる」として、「高等の動物になるとやや進化した種類の記号であるところの、シンボルをもつ。」と書く。シンボルは「そのシンボルと同じ意味をもつ別の記号の代用品として働く記号である。」ということであり「記号によって別々の有機体の間に、共通の意味を呼びおこすことが可能となる」（鶴見・多田・樋口 1951＝1975: 392）とコミュニケーションについて述べている。そして「記号」は「限界芸術論」でも言及されるのである。

鶴見の「限界芸術論」へ注目するときに、勁草書房版の『限界芸術論』に収録されている「流行歌の歴史」はその応用となっているが、「流行歌の歴史」の最初の記述には、鶴見が京都大学人文科学研究所で共同研究を行っていたときに構想していたであろう「限界芸術」の基本的な思考が出ているのである。そして、そこで言及されているのが「ルソーのコミュニケーション論」である。鶴見はルソーのコミュニケーション論を論じる前に、コミュニケーション史の問題として、音楽や詩や絵が民衆の活動の中から生み出されると述べる（鶴見・多田・樋口 同：391）。ここで鶴見はルソーのコミュニケーション論を考察する上で、コミュニケーション史の観点から文化を捉えようとしていたのであ

る。また鶴見は、『講座・コミュニケーション』（1973年）のなかでも第1巻「コミュニケーション思想史」と第2巻「コミュニケーション史」の編集を担当した。そして鶴見は、「結論を早めに言うならば、コミュニケーション史は、大衆思想史への新しい道をひらくものだと思う。」（鶴見 1973: 9）と述べている。これは、鶴見がコミュニケーションの思想と歴史を大衆の問題として考えていたということである。

鶴見は、1969年の『大衆の時代』の解説において「『教養人』と『大衆』とを連続体として考え」（鶴見 1969b: 11）ると述べていたが、マス・コミュニケーションが発達していった戦後日本の文化の研究において、この思想は鶴見のなかで受け継がれているものだろう。それは、次に見るような鶴見の『限界芸術論』における「限界芸術」と「大衆芸術」「純粋芸術」との相互の交流のなかにも現れる人々（ひとびと）の思想である。

そして、もう一つ「限界芸術論」を考察する上で確認しておきたいのは、鶴見の思想の出発点でもある「プラグマティズム」である。例えば、鶴見の「ひとびとの哲学」の源流として、天野正子がプラグマティズムからエマソンの「コモン・マンの哲学」へたどると述べているように（天野 1992: 109-110）、「ひとびと」の源流としてのプラグマティズムが重要となるのである。そして、鶴見が「限界芸術」を考察する際に取り上げられる、デューイやサンタナヤ、柳田國男などは彼の「プラグマティズム」とその応用の中で登場している。また、この著作における理論的パートである「芸術の発展」は、鶴見の芸術文化研究として最初期に体系だてられたものであり、鶴見の研究の中でも、「限界芸術論」はアメリカのプラグマティズム研究から続く応用としても意味があるであろう。そして、鶴見の議論はフォークソングの理論的意味づけを与えようとした片桐ユズルのような論者にも受容されていったのである。

鶴見の「プラグマティズム」について見ていこう。『アメリカ哲学』によれば、その語源をカントからであると指摘し、「プラグマ」は「行為」を意味するものであるという（鶴見 1950=1991: 9–10）。鶴見は、それを「もっと広く解する」、そして「ぼくは、プラグマティズムの思想の中に、まだ開発されていない資源があると思う。」（同：126）と述べている。「第九章 プラグマティズムの構造」においては、「考えは行為の一段階」として「プラグマティズムの主唱者」はそれを「倫理的」「論理的」「心理的」に解釈し、それを「功利主義的傾向」「実証主義的傾向」「自然主義的傾向」に思想を展開していったという（同：146）。

「功利主義的傾向」については次のように証明されている。「もし考えが行為の一部なら、考えは意志の主権化に属するものであり、考え自体としての基準の他に、行為の基準にも従わねばならぬ。行為の基準とは倫理的基準である。そして、プラグマティズムの主導者によれば、倫理的に正しいことは人間の利益になるたけ阻害せぬこと─つまり、最大多数の最大幸福ということに当たる。考えそれ自身の基準によって動くもののように見えるが、さらに高い観点から見れば、同時に功利主義的基準に従って動いているのであり、またそうあるべきだと彼らは説く。」（同：146）。そしてプラグマティズムの教えによれば「功利主義的倫理基準」に従い思想を展開することで、宇宙、人間、宗教に関して、私たちはどのように考えなければならないかを理解できるということである（同：146）。

「実証主義的傾向」では、言葉の意味についての分析から始まり、「『思想は行為の一段階』という根本概念に留意しつつ、言葉の意味を研究するとき、言葉はなんらかの行動の型をその意味として持つという結論が得られる。」という。そして「『ゴム輪は弾力性をもつ』という文章は『ゴム輪を引張ると、それが伸びるのを見る』という一連の行動を意味する。」といわれ、「なんらかの行動に導くもののみ」が「意味ある文章」となり、それ以外の「意味なき文章」を排するという「運動」が始められる。そこから「言葉がわれわれに与える影響」も意味を持つとした「第二の意味」も提唱された。そうすると「第一の意味を持たぬ文章も、ほとんどが第二の意味を持つこと」になるので、出来るだけ「第一の意味」を持つ文章が思想において「合格」するように努力するという「意味の二重基準」が考えだされる（以上、同：146-147）。「この提案に従って思想を展開するなら、われらは宇宙、宗教、人間、あるいは思想自身についていかに考えなくてはならぬかがプラグマティズムの思想体系となる」（同：147）。

「自然主義的傾向」は、「心理機能としての考えをとりあげ、考えが行為の一環としてどのような性質を持つのかを解明する。」ということであり、「行為の一段階として思想を心理面において自然主義的に考察することは、心理学のみならず他の諸科学の援助を受けつつ、思想を研究することを意味する。」（同：147）といわれ、「真理」や「宗教」「人間」「宇宙」といったものとの関係についても「光明を投ずる」という（同：147）。

以上のように、プラグマティズムによって、「考えは行為の一段階」としての行為の思想の展開が記述されているのである。

さらに、鶴見はこれらの傾向を三角形に図示している（同：148）。鶴見によれば、三角形の「底辺

Aは倫理面であり、功利主義的傾向を代表する。底辺Bは論理面であり、実証主義的傾向を代表する。底辺Cは心理面であり、自然主義的傾向を代表する」。そして、これら三つを底辺とする思想があるといい、「そのいずれの思想も「考えは行為の一段階」という観念において共通の中心点を有する。」ということである。[2]

このようなプラグマティズムの分類は、例えば「プラグマティズムと日本」において、柳田國男の思想をプラグマティストとして捉える時にも活用されている。ここで柳田の思想は主として、心理型、自然主義的なプラグマティズムとして考えられている（同：251）。

そして、ここから哲学を「いろいろの学問分野、いろいろの行動の分野に分散させること、それをまずすすめたい」といい、「哲学と日常生活の隅々の部とを交流させる」（同：259-261）という思考が出てくるのである。

鶴見は「プラグマティズムの発達概説」（１９５７年）において、プラグマティズムが「行動とむすびつけて意味をとらえる」（鶴見 1957=1991: 282）というとき、それを二つに区別する必要があるという。「［１］思想を実証する行動について知ること、［２］思想を使用する行動について知ること」（同：283）である。

また鶴見は、「折衷主義の哲学としてのプラグマティズムの方法」（１９５６年）において、「プラグマティズム」はその発生から「意味が人間の行動の中でうまれる仕方を追求してきた。」（鶴見 1956=1961: 306）といい、「記号（思想でも、言葉でも）をたよりとして、人間が世界に間接的に働きかけるさいに、人間が記号をとおして世界にたいしてもつ関係が、意味なのである。」（同：306）と述べられているように「意味」と「記号」に注目する。そして、マス・コミュニケーションの問題としてラジオや新聞における記号についても考察されることになる。ここでは第1章で取り上げたような、「マス・コミュニケーションのあたえる大衆文化にたいして、大衆が自分の私性の責任においてずらして解釈してゆく方向ではじめて大衆文化となる」(鶴見 1969b: 19) と述べた「意味をずらして」解釈することについてすでに述べられていたのである (鶴見 1956=1961: 308-309)。「記号」については、「限界芸術」をはじめとして鶴見は様々な対象について分析を行っている。

プラグマティズムは、日本においては「官学によっては採用され」なかった「反官的な勢力によって、反官的な使い道において用いられてきた」「根の深いプラグマティズム」であり、それは「ジャーナリズムをよりどころとしてなされてきた時局批評の系列、田中王堂、王堂を範とする福沢諭吉、長谷川如是閑、三木清、清水幾太郎の時評の方法として今日われわれが思いうかべることのできるものである」ということで、現在のプラグマティストは「桑原武夫、南博、都留重人、久野収、宮城音弥、梅棹忠夫など」の「時評家兼業の人々」であるという (同: 292)。そして、戦後の「大衆芸術の分析および批評は、プラグマティックな方法によってすすめられて来た。」(同: 294) ということであった。「限界芸術」の議論には、このプラグマティズムの研究で取り上げられていた思想が取り入れられており、それはこのような問題圏の中からすすめられてきたと考えられる[3]。

これは鶴見が「限界芸術論」を、「芸術とはたのしい記号と言ってよいであろう。」と書き始めていることにもつながる。それに接することによって、「たのしい経験となるような記号が芸術」であるということである。これはプラグマティズムの記号論的な側面の芸術文化への展開である。それを次に見ていこう。

3　『限界芸術論』

ここでは、『限界芸術論』について取り上げる。『限界芸術論』の初版は、勁草書房から1967年に刊行された。そして、『限界芸術論』の冒頭に置かれた「芸術の発展」は、その理論的前提といえるものである。「芸術の発展」は、最初に1960年刊行の勁草書房『講座現代芸術』第1巻に収録されていた。[4]

「芸術の発展」は次のように始められている。

> 芸術とはたのしい記号と言ってよいであろう。それに接することがそのままたのしい経験となるような記号が芸術なのである。もう少しむずかしく言いかえるならば、芸術とは、美的経験を直接的につくり出す記号であると言えよう。（鶴見 1967: 3）

鶴見は、「たのしい記号」「たのしい経験となるような記号」を「芸術」と捉え、それは「美的経験を直接的につくり出す記号」であるという。そして、鶴見は、プラグマティズムの記号論的な側面を芸術文化へ適用していく。鶴見はこの「経験」を「美的経験」から捉えている。そこでは「美的経験」の「ひろい領域」として、いわゆる「芸術作品」だけではなく「ラジオの流行歌やドラマ」あるいは「友人や同僚の声、家族の人の話などのほうが大きな美的経験であろう」と書かれている（同：5）。

そして、「芸術作品」について次のように述べる。

経験全体の中にとけこむような仕方で美的経験があり、また美的経験の広大な領域の中のほんのわずかな部分として芸術がある。さらにその芸術という領域の中のほんの一部分としていわゆる「芸術」作品がある。いいかえれば、美が経験一般の中に深く根をもっていることと対応して、芸術もまた、生活そのもののなかに深く根をもっている。（同：6-7）

鶴見は「芸術」を「西欧文明の歴史のうえで権威づけられた作品の系列（権威の問題）を、先進国の名人によって複製してもらって（模倣性と受動性の問題）、日本の中心的都市である東京で少数の文化人がきく（地方文化にたいする東京中心文化の問題）、という三重の事柄の系列をふくんでいる。」（同：6）という。そして、このような「芸術」の捉え方ばかりではないところから思考されたのが「限界芸術論」である。

ここで、鶴見は芸術を「純粋芸術」、「大衆芸術」、「限界芸術」に分類する。

「純粋芸術（Pure Art）」は「今日の用語法で『芸術』と呼ばれている作品」であり、「大衆芸術（Popular Art）」は「この純粋芸術にくらべると俗悪なもの、非芸術的なもの、ニセモノ芸術と考えられている作品」である。そして「限界芸術（Marginal Art）」は「両者よりもさらに広大な領域で芸術と生活との境界線にある作品」と定義づけている（同：6-7）。つまり、「限界芸術」は「純粋芸術」や「大衆芸術」よりも人々の生活の領域にある活動を含みこんでいるのである。「純粋芸術」「大衆芸術」「限界芸術」については、次のように述べられている。

純粋芸術は専門的芸術家によってつくられ、それぞれの専門種目の作品の系列にたいして親しみをもつ専門的享受者をもつ。大衆芸術は、これまた専門的芸術家によってつくられはするが、制作過程はむしろ企業家と専門的芸術家の合作の形をとり、その享受者としては大衆をもつ。限界芸術は、非専門家によってつくられ、非専門的享受者によって享受される。（鶴見 1967: 7）

鶴見のいう芸術は、

純粋芸術　専門的芸術家　専門的享受者
大衆芸術　専門的芸術家（制作過程は企業家と専門的芸術家の合作の形）　大衆
限界芸術　非専門家　非専門的享受者

というように制作者と享受者との関係を示すことができる。
鶴見は、この三つの芸術を図（図２-１）のようにまとめている。

芸術の体系

芸術のレヴェル／行動の種類	限界芸術	大衆芸術	純粋芸術
身体を動かす→みずからのうごきを感じる	日常生活の身ぶり、労働のリズム、出ぞめ式、木やり、遊び、求愛行動、拍手、盆おどり、阿波おどり、竹馬、まりつき、すもう、獅子舞	東おどり、京おどり、ロカビリー、トゥイスト、チャンバラのタテ	バレー、カブキ、能
建てる→住む、使う、見る	家、町並、箱庭、盆栽、かざり、はなお、水中花、結び方、積木、生花、茶の湯、まゆだま、墓	都市計画、公園、インダストリアル・デザイン	庭師のつくる庭園、彫刻
かなでる、しゃべる→きく	労働の相の手、エンヤコラの歌、ふしことば、早口言葉、替え歌、鼻歌、アダナ、どどいつ、漫才、声色	流行歌、歌ごえ、講談、浪花節、落語、ラジオ・ドラマ	交響楽、電子音楽、謡曲
えがく→みる	らくがき、絵馬、羽子板、おしんこざいく、凧絵、年賀状、流燈	紙芝居、ポスター、錦絵	絵画
書く→読む	手紙、ゴシップ、月並俳句、書道、タナバタ	大衆小説、俳句、和歌	詩
演じる→見る参加する	祭、葬式、見合、会議、家族アルバム、記録映画、いろはカルタ、百人一首、双六、福引、宝船、門火、墓まいり、デモ	時代物映画	文楽、人形芝居、前衛映画

図 2-1　鶴見（1967: 70）**より**

本章でのちに取り上げるのは「限界芸術」における「替え歌」である。それは、鶴見の勁草書房版『限界芸術論』に収録されていた「流行歌の歴史」であり、この論考はもともとは1962年の『日本の大衆芸術』（社会思想社）に収録されたものが転載されていたのである。

また鶴見は、日本における「限界芸術」の問題を取り上げている者として柳田國男、柳宗悦、宮沢賢治について言及している。

鶴見は、柳田の民謡論からは民謡を限界芸術として取り上げていた[5]。鶴見の芸術の分類では、「純粋芸術」、「大衆芸術」、「限界芸術」において、「限界芸術」を「純粋芸術」や「大衆芸術」よりも人々の生活の領域にある活動を含みこんでいるということであったが、柳田を論じながら、「限界芸術」がマス・コミュニケーションによって大衆芸術化されることを防ぐ作用があるということについて述べている。この柳田論において、鶴見は「限界芸術」である「民謡」を「なしくずしに大衆芸術にとけこませることからふせいだ。」と「限界芸術」を「大衆芸術」と区別するものとして考察していた。つまりこれは、鶴見によると柳田が「流行歌の専門的作家」による「流行歌」としての「民謡」が流通していることと「限界芸術としての民謡を区別するために」捉えられているということである（鶴見 1967: 10）。

そして鶴見は柳田論において、「限界芸術」が「純粋芸術」「大衆芸術」に取り入れられる契機についても分析している。

> このように、近世の純粋芸術・大衆芸術の専門的作家は、もともと、新語の製作者としての無名の大衆から分化発展してできてきたという見方がたてられている。また専門的作家たちは、その作品の素材となるそれぞれの時代の新語の採用にあたって、同時代の民衆の作った新しい言いまわしに頼らざるを得ず、こういう仕方で、現代においても、純粋芸術・大衆芸術の発展の契機は、限界芸術に求められる。（鶴見 1967: 21）

つまり、近世の「純粋芸術」「大衆芸術」が発展する契機やその制作の過程には「限界芸術」が必要であったということである。

ここでは、「限界芸術」がコミュニケーションの媒介としての役割も持っているということに注目しておきたい。このことについては、限界芸術という概念を初めて使ったという1956年の長谷川幸延、福田定良と行った座談会（鶴見 1991a: 481）においても語られていた。鶴見はここで、「大衆芸術」を「純粋芸術というものとは対立するものとして考えた」（鶴見・長谷川・福田 1956=1996: 133）と述べる一方で、「限界芸術」については、福田定良が、「貴族文化が下の階級に下りていく、また、民衆的なものから上がって上がりっきりになったやつ、高級芸術、能とか歌舞伎はそうでしょう。」（同：134）という話を受けて、「このあいだをどういうふうにつなぐのかというのが問題なんだ。〝限界芸術〟というふうな第三の種目を出したいわけだ」（同：135）と述べていた。これは鶴見が、「大衆芸術と純粋芸術とのもっと健全な交流過程をつくっていくことができるんじゃないかという、だいたいの処方箋を持っているんです。」（同：135-136）というように、「限界芸術」は「純粋芸術」と「大衆芸術」をつなぐもの、すなわちそれらとの「もっと健全な交流過程」をつくるものとしてのコミュニケーションを媒介するものとしても機能しているということが含意されていると考えられる。

そのことと関連して、鶴見が１９６４年に刊行された『現代思想事典』（鶴見 1964）の項目において「大衆芸術」を取り上げ、「大衆芸術」と「限界芸術」の関係について述べているところを見ておきたい。それは、「マスコミ時代の大衆芸術」として「複製芸術」（多田道太郎）に言及しながら、「大衆芸術」を「今日の社会になお残っている限界芸術と強く結びつけることが必要だ。しろうとによる芸術的志向がこれまでにくふうされた以外の考えうるかぎりの通路で、大衆芸術の制作に結びつけられることが必要だ」（鶴見 1964: 433）との記述である。ここからも、「大衆芸術」と「限界芸術」

を結ぶコミュニケーションの通路を重視していたことがわかるのである。

このことを日本のポピュラー音楽、流行歌の歴史について考えていくと、ポピュラー音楽は、たしかに「大衆芸術」としての側面、つまり「専門家」によって作られ、大衆という享受者（オーディエンス）を持つ「複製芸術」であると考えられるが、フォークソングの例やその後のポピュラー音楽史において「限界芸術」としての契機（moment）は常に入り込んでいるのである（第2章以降）。また鶴見は、日本の中世以降の歌謡が「純粋芸術」と「大衆芸術」として発展するために「限界芸術」の成立と交流があると述べていたが[6]、このような問題設定は、大衆文化を社会との関係から考察するときにアクチュアリティを獲得することになるのである。

4　限界芸術論の展開

鶴見の「限界芸術」は、本来ならば芸術とは呼ばれないような人々の日々の行いのなかに芸術を見出すというものであるが、ここで取り上げるのは、「限界芸術」が「大衆芸術」に入り込む契機である。それを「流行歌の歴史」という論考から考えよう。

「流行歌の歴史」は『日本の大衆芸術』（1962年）に発表後、勁草書房版『限界芸術論』に収録される。しかし、それ以降の「限界芸術」とタイトルがつく書籍には収録されておらず、現在の観点から鶴見の文化論、限界芸術論における音楽文化と大衆芸術の関係がわかりにくい。しかし、この論考には、「限界芸術論」を展開させる知見が含まれていると考えられる。

勁草書房版『限界芸術論』がどのような内容の構成になっていたのかを見ておくと、最初に収録されている「芸術の発展」において「限界芸術」がどういったものであるのか、ということが「純粋芸術」「大衆芸術」との関係から述べられている。それに続いて「黒岩涙香」が収録されている。この論考よりも、その次に収録の「流行歌の歴史」において、「限界芸術」について言及がされているのである。『限界芸術論』は、その次に「大衆芸術論」に続いていくという構成となっている[7]。

ここで注目するのが、「流行歌の歴史」で鶴見が「大衆芸術」としての流行歌は「ふし言葉」において「限界芸術」と密接な関係を持っていると書いているところである。鶴見は、「大衆芸術」と「限界芸術」をつなぐ議論を展開している。

> 歌は、人間の肉声のもつ音楽的価値をみがきあげてゆく方向に発展してゆくのと、言語のもつ音楽的価値をみがきあげてゆく方向に発展してゆくのと、二つの道すじをとる。純粋芸術（少数専門家によってつくられ少数専門的鑑賞者によって享受される）の様式としての声楽は、人間の肉声のもつ音楽的価値をひきだす仕事と主としてとりくんできた。大衆芸術（少数専門家によってつくられ多数の非専門的鑑賞者によって享受される）の一つの様式としての流行歌は、それぞれの民族がそれぞれの時代に用いた言語の音楽的価値をひきだすことに大きく力をさいてきた。この意味で、流行歌は、それぞれの時代でぐるぐるまわる「ふし言葉」という限界芸術（非専門家によってつくられ非専門家によって享受される）の様式と密接な関係をもって発展してきた。（鶴見 1967: 147　傍点は引用者）

ここでは、「純粋芸術」における「声楽」の「人間のもつ肉声の音楽的価値」から、「大衆芸術」としての「流行歌」が「それぞれの民族がそれぞれの時代に用いた言語の音楽的価値をひきだすことに大きく力をさいてきた。」と「言語」に注目し、それが「限界芸術の様式と密接な関係をもって発展してきた。」という三つの芸術の関係が重要なのである。つまりそれらは相互に関わりを持っている。[8]

そして、ここで言及されるのが替え歌である。鶴見は、一高寮歌が行軍用の軍歌として歌われ労働歌となった「きけ万国の労働者」を取り上げている。ここでは、労働運動の歌が軍歌から転用されるという、ある部分で民衆文化を文化の「使用」という観点から捉えたミシェル・ド・セルトーにも通ずる議論が展開されているのである。[9]もちろん、セルトーは鶴見のいうような限界芸術という観点から大衆文化を考察しているのではなく、ある種マスメディエイトされた現代社会における「使用者」が「メディア」を「使用」するさまを考察しているのだが、鶴見の限界芸術論も「大衆文化」であるマスメディアの分析にも適応可能な射程を備えている。

そして、鶴見は『限界芸術論』を出版した後に「限界芸術論再説」を書いていて、そこで「替唄」を「限界芸術」の例として言及しているのである。[10]

つまり、鶴見が限界芸術論へ注目するときに、替え歌という方法はその応用となっているのである。鶴見は、民謡はほとんどが「替唄」であるといい、それを純粋芸術・大衆芸術との関係からも考察している。そして次のように述べる。

純粋芸術や大衆芸術が民衆的な基礎をもつことは、同時代的あるいはその前代のさまざまな限界芸術の流れのなかに棹さしている時、初めてそれは成り立つわけです。（鶴見 1969a: 75）

また「流行歌の歴史」の最初の記述には、「限界芸術」の基本的な思考が出ている。この論考の注において、鶴見は「ルソーのコミュニケーション論」に言及している。

ルソーが、音楽および言語の歴史の共通かつ最初の段階として思いうかべた、音楽としての言葉、言葉としての音楽という考えは、とくに流行歌を論じる時に、今日のわれわれのみちびきの糸となる。（鶴見 1967: 147）

鶴見は、ルソーから流行歌の問題へ議論を展開しているのであるが、これは、鶴見が行っていたルソー研究の中から応用されたものであろう。それは、流行歌論の注で「ルソーのコミュニケーション論」への参照が書かれていることからも分かる。第2節で言及したように、鶴見はここでコミュニケーション史の問題として、音楽や詩や絵が民衆の活動の中から生み出されると述べ（鶴見・多田・樋口 1951=1975: 391）、それは「それぞれの時代の残す音楽や詩や絵は、同時代の民衆の行った鼻歌や調子づいた音楽やラクガキなどの上に積み重ねられたもので」（同：391）あるという。ここでは、時代の表現はコミュニケーション史における民衆の活動として重ね合わされていたのである。ここからも、鶴見は「限界芸術」の応用として流行歌を捉えていたことが分かるであろう。

「芸術の発展」	『講座現代芸術』第１巻	勁草書房
「流行歌の歴史」	『日本の大衆芸術』	社会思想社
『限界芸術論』	「芸術の発展」「流行歌の歴史」を含む	勁草書房
「限界芸術論再説」	『現代デザイン講座　４』	風土社

図 2-2　限界芸術論における「芸術の発展」「流行歌の歴史」とそれに関連する論考

そして、鶴見は「流行歌の歴史」において、「大衆芸術」の「限界芸術」からの流入について述べている。ここで注目されるのが、「限界芸術」の「大衆芸術」への広がりである。そして、先ほども引用したように、鶴見は「流行歌の歴史」において、「大衆芸術」としての流行歌は「ふし言葉」として「限界芸術」と密接に関係していると述べている（鶴見 1967: 147）。

「ふし言葉」とは「子供が指きりをする時に調子をつけてうたうように言う「ユビキリ、カンケリ、カンダノオバサン」のような調子のある言葉のこと」（同：147）であり、これが「ジンジロゲ」や「スーダラ節」のように「大衆芸術」に取り入れられた場合も多いということであった。そして、メロディに「ふし言葉」があてはめられて替え歌が歌われたりもする。これが「限界芸術」が「大衆芸術」に取り入れられたものであり、芸術の関係を見ていく上でも注目されるところである。

つまり、鶴見の言う「大衆芸術」のなかにも「限界芸術」の要素というのは流入しており、必ずしも「大衆芸術」はマスメディアの中だけで作られたものばかりではなかったのである。[11]これは、先ほど述べたことをもう一度確認しておけば、鶴見が「大衆芸術」を「限界芸術」と結びつけていく必要性を強調していたことが参照されるだろう（『現代思想事典』の中の「大衆芸術」の項目鶴見 1964: 433）。

そして、日本のフォークソング、特に関西フォークにおいては「替え歌」が歌われていたのだが、鶴見が挙げていた替え歌の「きけ万国の労働者」は、鶴見が捉えたような、「ひとびと」のロジックにおいて自律しながら文化を使用していくということの例証になっており、それはフォークソングの替え歌とも共振するものであると考えられるのである。また替え歌は、これから考察するように海外のうたを翻訳しながら歌うことと近接した表現者たちの実践であった。

それを、これから「うた」と「文化」をめぐる問題圏として、表現の社会的な関わりから見ていきたい。これまで取り上げたのは、鶴見の文化論における「限界芸術論」の問題であったが、鶴見の限界芸術は、「ひとびと」の日々の活動のなかに芸術を見ようというものであり、それはフォークソング運動にも応用されていったのである。

第3章　フォークソングの運動

1　フォークソングと社会との関わり

ポピュラー音楽は多様なスタイルや音楽的な要素が結びついている。そして、それは多様なものへ開かれているといえる。

日本の1960年代半ばごろから70年代前半には、関西を中心としたフォークソング運動があり、それは東京でフォーク・ゲリラとしても展開された。フォークソングは、少なくとも当時の若者文化の一部であったのと同時に市民運動とも関わりがあったのである。

フォークソング運動で歌われた「うた」は、その後の音楽シーンにも影響を与えている。[1] その「うた」を考えるとき、一つの文化に収斂されていくというベクトルだけではなく、文化がローカルに混交していくプロセスが見て取れるのである。つまり、ここで問題なのは「うた」をめぐる「文化」である。それは、文化のハイブリッドな性質にも関わってくるであろう。[2] そして、音楽におけるハイブリッド化を考える例としてフォークソングの「替え歌（あるいは替歌、替唄）」がある。[3] これは「う

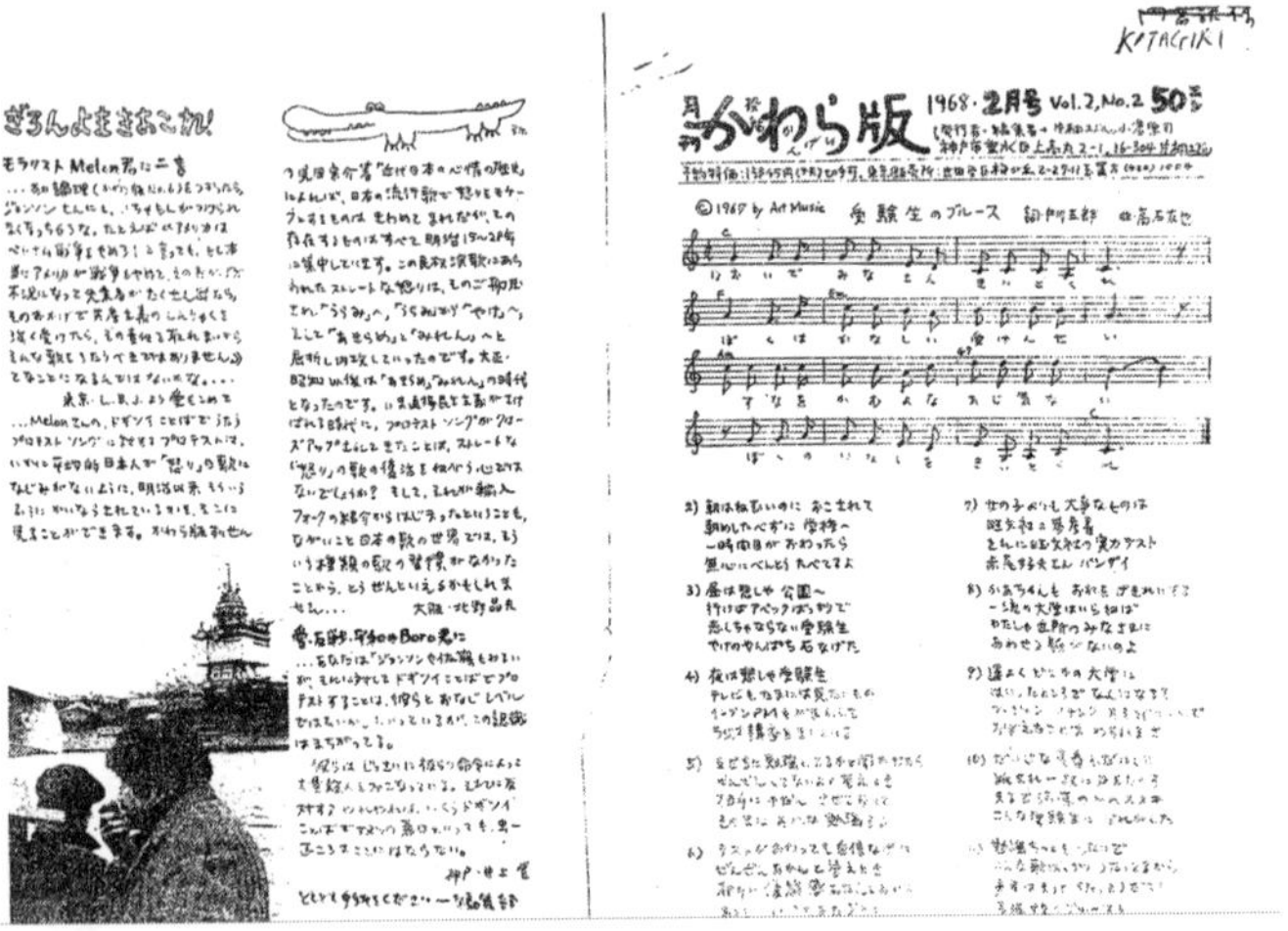

図 3-1　「受験生ブルース」の楽譜（『かわら版』1968年２月号より）

た」がいかに社会へ関わっていくのかを考えるときのケーススタディともなるのである。

関西のフォークソングを中心とした実践において、「替え歌」という方法は様々な歌手によって取り入れられている。これは岡林信康[4]、中川五郎、高石友也など関西フォークソング運動におけるスタイルの一つであった。岡林には、替え歌を寄せ集めた「アメリカちゃん」という「うた」もあるように、当時は海外の「うた」、あるいは民謡などに訳詞をつけて自分のものにして歌われていた。そして、「うた」はプロテストとしての意味合いも帯びていたのであり[5]、コンサートだけではなくさまざまな集会においても歌われていたものであった。

鶴見が考察していた「替え歌」は、フォークソングを記述するときに片桐によっても取り上げられていた。また片桐は、鶴見の「限界芸術」をフォークソングに応用して考察していた。ここで参照するのが、片桐の「替歌こそ本質なのだ」（片桐 1974=

1979）である。[6] この論考で片桐は、「替歌」が「特に才能のない普通のひとが詩とか歌をつくるときに、とてもたいせつな方法なのだ。」（同：137）と述べ、それが民謡やフォークソングの中でどのような位相にあったのかについて書いていた。そして鶴見の「限界芸術」の議論もフォークソングに適用して考察されている。ここでは「替歌」を中心として、フォークソング運動の特徴のいくつかについて取り上げる。[7]

片桐が挙げている、中川五郎の「受験生ブルース」について見てみよう。この曲は中川が高校時代に受験勉強の悲しみを歌ったものとして作られたのだが、これは、もともとは替え歌であった。この曲は真崎義博がボブ・ディランの「ノース・カントリー・ブルース」を「炭鉱町のブルース」へ替え歌にして歌ったものであった。それが中川「受験生のブルース」と替え歌にされ、続いて曲が高石によって作りかえられ、高石友也「受験生ブルース」となるのである。高石の「受験生ブルース」は1968年2月に発表されヒットする。それからこのうたは、東京フォーク・ゲリラ「機動隊のブルース」に「うた」が変化していくのである。[8]

「炭鉱町のブルース」→「受験生のブルース」→「機動隊のブルース」

「替え歌」は、フォークソング運動を考える上でもユニークな歌の方法であったが、中川はこのことに自覚的であり、中川の作曲法は当時の音楽雑誌においても言及されている。[9]

そして、ここで注目しておきたいのが、この曲が最初に媒体に載るのがミニコミの『かわら版』であったということである。「受験生ブルース」は、高石友也がレコーディングすることによってメジャーレーベルから発売されるが、中川作詞・高石作曲とクレジットされた「受験生ブルース」の歌詞と楽譜が掲載されるのが『かわら版』である。[10]

このことは、つまりは『かわら版』は関西フォークソング運動に関わるレコード会社、URC（アングラ・レコード・クラブ）の広報誌『うたうたうた　フォーク・リポート』（以下『フォーク・リポート』）に先行しながら、ある部分ではそれを補完する媒体であったと考えられるということである。というのも、『フォーク・リポート』が創刊されるのは1969年1月であり、『かわら版』はそれまでの間（1967年創刊から1969年まで）、URCでレコーディングされる曲の歌詞やコード譜なども掲載されていたからである。また『かわら版』は、『フォーク・リポート』わいせつ裁判においても常にその動向をフォローしていた。『かわら版』については、次章で改めて取り上げる。

また片桐は、「替歌こそ本質なのだ」などで東京フォーク・ゲリラに言及しているが、これは東京フォーク・ゲリラがべ平連の関係者による活動であったことと無関係ではない。そして、片桐が彼らの活動に見出したのが「うた」と社会との関わりであった。「うた」は、関西フォークを意味づけるときに重要な契機であった。またここには、「ひとびと」が既製のものを能動的に表現する自律的な文化の発展も見ることができるであろう（→終章）。

2　文化のローカル化と表現

日本におけるフォークソング運動というのは、文化のローカル化（ローカライゼーション）のプロセスとしても捉えられる。関西フォークの人脈はべ平連とも関連があり、これはグローバルな諸問題のローカルな展開であると考えることが出来る。[11] つまり、フォークソング運動は、アメリカを中心とした文化の日本へのローカル化という側面もあるということだ。以下では、特に音楽文化との関係において、当時の日本社会においてフォークソングがどのような文化的な位相にあったのか、またそれが文化のローカル化という観点からどのように捉えられるのかについて考えていこう。

ところで片桐の議論は、いわゆる輸入文化といわれるように西洋の価値観を輸入することによって、海外のうたを日本という磁場に収斂させていくということだけではないと考えられる。もちろん、そのような側面がなかったということではないが、「炭鉱町のブルース」の替え歌の歌詞の変化を見ればわかるように、彼らの活動はもっとアマルガムなものであり、そのように歌い継ぐことで彼らの「自前の文化をもとめて[12]」いたということである。

またフォークキャンパーズ「プレイボーイ・プレイガール」のようにボブ・ディランの原曲にかなり自由に歌詞をつけ、歌い継いでいくところなど、むしろ複数の文化を混ぜ合わせる（混交、ハイブリッド）という側面や、アメリカ文化をローカライズするという観点からも考察することができる。そして、この歌詞を作ったのが中山容であった。もちろん文化のローカライズにおいては、ローカルな文化に特有の問題が反映される。例えば、「プレイボーイ・プレイガール」の歌詞においては、時事的なテーマが扱われていたのである。ここに、海外の歌を訳して歌うことと替え歌が近接した表現であることを指摘できる。

あるいはまた、高石友也、岡林信康、中川五郎らが在籍していたURCのレコードリリースのディスコグラフィーからも分かるが、フォークソングだけではなく、一方で、桜川ぴん助、博多淡海、沖縄の春歌、笑福亭松鶴などのレコードを制作していたりと、URCは日本という領域におけるインディペンデントな活動も行っていた[14]。あるいは、URCでレコード化された『ほんやら洞の詩人たち』のようなポエトリーリーディングにおいては、替え歌研究で知られるオーラル派の詩人有馬敲も参加しているなど、替え歌、民謡といった日本の民衆文化と接点もある[15]。有馬は、片桐ユズルや中山容などとともに京都今出川通の喫茶店「ほんやら洞」で集った詩人たちであり、彼らはフォークソングにおいても交差するのである。

ここでは関西フォークソング運動と深い関わりのある中山容、片桐ユズルといった詩人、大学教員がアメリカに留学していたということも彼らの活動に影響しているだろう。つまり、彼らはボブ・ディランの翻訳、あるいは日本におけるポエトリーリーディング運動などをとおして、アメリカの文化（カウンター・カルチャー）が「多文化」へのまなざしを内包しながら、「公共圏」（↓終章）へつながることを「日本」という領域において実践していたといえるのである[16]。例えば、フォーク・スクール（第4章）という音楽を中心とした空間もその一つであろう[17]。

あるいは、片桐を中心にした『かわら版』から続く「かわら版」キャラバンという返還後の沖縄で行われた「うた」の実践がある。これは、プロテスト・ソングとしてのフォーク運動という「うた」の空間と関わっているのである。『かわら版キャラバン』として、1973年にリリースされたレコードにおいて、片桐は詩の朗読を行っている。ここでは、中川によって「俺はヤマトンチュ」も歌われていたのである。[18]

また、高石友也、岡林信康、中川五郎の共著である『フォークは未来をひらく』（高石・岡林・中川 1969）において、中川は、先ほど言及した「受験生のブルース」ももともとはボブ・ディランの「ノース・カントリー・ブルース」の替え歌であると述べているが、同じく中川は、「主婦のブルース」を作るときに、アメリカのフォーク歌手、ピート・シーガーの「主婦のなげきうた」が、アイルランドの昔の歌のメロディを借りて歌っていることに注目していた（中川 1969: 169-170）。

そして、『フォークは未来をひらく』の「まえがき」を執筆した、大阪新森小路教会牧師で関西におけるフォークソング運動の先駆ともなった「フォークキャンプ」の実行委員長であった村田拓は、高石友也の曲「ベトナムの空」のうたに言及していた。そこでは、高石が、「ベトナムの空」の中でベトナムと大阪の空が同じであると歌うときに、「それまで歌われていたベトナムの姿が、急にぼくの身近に迫ってきたということだ。」（村田 1969: 4）と村田は書いていて、これは高石の「うた」によってベトナムと大阪が連続しているということを想定していたと考えられるのである。

また、村田が、日本語で歌うことについて「自分たちのことばで！ぼくたちのフォークソングの運動が、はじめから、アメリカのフォークソングに学びながらも、英語ではなく日本語で、ことに民衆自身のことばで歌い、迫ろうとしてきた理由なのである。」（同: 7）と述べるときに、アメリカ文化であるフォークソングが日本語によって歌われることで、日本の民衆文化と接しながらローカル化されるさまが捉えられているのである。[19]

鶴見の議論でいえば、「大衆芸術」と分類されている「歌ごえ」やその展開において「流行歌」と関連するものとしてフォークソングは位置づけられるだろう。しかし、片桐によればフォークソングは、「限界芸術」という概念との関わりのなかで捉えられるのである。片桐は「替歌こそ本質なのだ」で、このことについてフォーク歌手の古川豪を評しながら「限界芸術としての歌から出発して、いまや芸術家としての歌というキビシイ道をあるきはじめてしまったのだ。」(片桐 1974=1979: 134)と、フォークソングの歌を「限界芸術」と関連させながら述べている。そして、ひとはフォークソングを「限界芸術」の立場から評価していないと書いたのである(同: 135)。

これまでの議論から、フォークソングは、その始まりは限界芸術として歌われていて、そして替え歌などによってローカル化することで社会や文化との接点が探られるということが確認できる。やがてフォークソングがレコード化されることによってポピュラー音楽として大衆に受け入れられるようになる。そしてフォークソングの歌い手たちは、その後「流行歌」を歌うものもおり、プロフェッショナルな歌手と位置づけられているものもいる。岡林信康は、自身の「山谷ブルース」をフォークソングとして歌っているのにレコードには「流行歌」と書かれてあると述べている(岡林 1969a: 110)。フォークシンガーたちは、自分が一体どのポジションで歌っているのか、ということに少なからず葛藤を抱えていたと思われる。[20] そして、その消費のされ方も「流行歌」として受け入れられたところがある。[21] そのため、本章では「限界芸術」の「大衆芸術」への流入がフォークソングにおける「替え歌」にも現れているというところに注目するのである。

3 文化、「ひとびと」、「うた」

フォークソングによる「うた」の空間は、「日本」を「文化」から再考する契機になる。

例えば、1968年8月京都で行われた「第3回関西フォークキャンプ」に東京から参加し、翌年URCからデビューしたフォーク歌手、高田渡[22]は自身のアルバムにおいて、ラングストン・ヒューズの詩を取り上げていた。ヒューズは、アメリカの黒人文化運動である文芸復興運動（ハーレム・ルネッサンス）の中心人物として知られている一方で、ジャズとのコラボレーションのアルバムを製作していた[23]。

高田は、2001年にリリースしたCD『日本に来た外国詩…。』の歌詞カードにおいて、外国の詩が日本に入って来ることによって「もっと日本語に合った形に変わってより親しみを持つ様になる」ことに期待していた[24]。これは、「日本」という土台に外来文化を変形させながら受容させたというようにも読めるが、むしろヒューズのような詩人の「うた」を日本で歌うということは、そこに別のベクトルが導入されていたということもいえるのではないかと考えられる。それは、アメリカにおける黒人文化復興の中心人物の日本語に翻訳された「うた」を歌うことは、「日本」という文化を再考する試みではないかということである。つまり、ここでいう「日本」とは、複数の文化の様々な要素が混交したものとしても捉えることができるのではないかということだ[25]。高田は「ブラブラ節」のように、添田啞蟬坊にアメリカ民謡の曲をつけて歌っているので、彼はヒューズや山之口貘、添田の「うた」だけを歌っていたのではない。だが、高田が歌うことによって、そこに新たな意味が生まれたということは言えるだろう。

高田は、東京フォーク・ゲリラを皮肉った歌（「東京フォーク・ゲリラ諸君に捧ぐ」）を歌い、『かわら版』（→第4章）においてもアメリカの歌を翻訳して掲載していたが、フォークソングによる「うた」の空間は、日常生活の実践を描くという側面もある。それは、高田が当時のことを「自分の日常生活をそのまま歌うことが最高のプロテストソングではないかと思ったのだ。」（高田 2001＝2008: 127）というように、フォークソングは日常生活というものを意識して歌われていたことがここからうかがえるのである。[26]

フォークソングは、キャンパス・フォークのような外来文化の輸入としての側面もあるが、それが日本というローカルな空間において展開するときには、室謙二が言及しているように（室編 1969）鶴見の限界芸術論が柳田の民謡論や宮沢賢治の「農民芸術概論綱要」とともに取り上げられている。そして、フォークソングが「ひとびと」や「民衆」のものであるというように定義され、フォークソングという音楽文化についての意味づけを与えるときに彼らの議論が「使用」されたのである。[27]

海外から輸入されたフォークという文化は、ローカルな状況で意味づけされることによって、「ひとびと」の活動のツールとして使われるようになった。そして、フォークソングに鶴見の「限界芸術」の定義が取り入れられることによって、プロフェッショナルではない「ひとびと」によってもそれを演奏することが出来るという、まさに「ユーザー」[28]が能動的に文化生産に関わるという契機を見ることが出来るのである。[29]

本章では鶴見の「限界芸術論」とも交差する片桐の議論を始めとして、1960年代半ばからの関西フォークソング運動のいくつかのトピックを取り上げて考察してきた。鶴見と片桐の当時の思想的な親和性は、片桐が鶴見に言及しながらフォークソングについて記述しているところからも分かる。また鶴見も片桐に言及している。[30]片桐はフォークソングの問題を「限界芸術」から考察し、同じ論考で「替歌」という実践も取り上げたことから、フォークソングに理論的な方法の一つを与えたといえるだろう。

そしてフォークソングのローカル化と歌の実践からは、音楽というメディアや活動するひとびととの複合的な関係が浮かび上がってくるのである。音楽のローカル化は、明治時代に東京藝術大学などを中心に西洋音楽が取り込まれることで始まった。[31]それは主に専門家集団によるものであった。しかし、1960年代半ばからのフォークソングのローカル化は、主に西洋音楽の非専門家であるフォークシンガーや片桐のような詩人、大学教員がその役割を担っていたというところが異なっている。本章で考察したように、このようなフォークソングのローカル化は非専門家という行為者の働きからも捉えられる。[32]

フォークソング運動における「うた」は、日常生活者の視点も取り入れながら歌われ、それがある時は替え歌にされ変形されることなどによって社会へ関与する表現文化となっている。以前から親しまれているうたをうたうこと、歌い継ぐこと、あるいは時にはそれを替え歌にするということ、これは文化が混交し流動化するということだけではない。むしろ「うた」を媒介することによって、ある表現が意味に接合され、そこに社会へ向けられるまなざしの実践が生まれている。鶴見の批評活動における「限界芸術」は、フォークソング運動にも応用され、人々の活動からメディアや文化と社会を考えるものとして捉えられるのである。

第4章　戦後日本の表現文化とキー・パーソン
——片桐ユズルとフォークソング運動

文化と社会の研究において戦後日本の大衆文化と関わる領域について、本章では、大衆文化・表現文化とも交差する1960年代後半から70年代前半の関西を中心に展開されたフォークソング運動[1]を取りあげる。そして、そこで活動したキー・パーソンを起点に考察する。フォークソング運動は音楽（フォークソング）を中心とするものではあったが、言説によって意味づけされ市民運動とも交差する動きであった。そこは、鶴見俊輔や市民運動と関わる領域でもあった。

ここで想定されるキー・パーソンの定義については、『思想の科学』でも活躍した市井三郎とそこから議論を展開した鶴見俊輔を参照している。

市井は「キー・パースン」（キー・パーソン）について、それを「いちじるしく歴史づくりに参与する個人」であると定義している（市井 1963: 33）。「キー・パースン」は、複数の場合は「諸個人」と記述される。また「キー・パースン」は「英雄史観」における「英雄」概念（市井 同: 33）とは異なるということであり、「自然的」ではない主体性を発揮することによって、母体による歴史の規定性に縛られきってしまうことなく、いわば「歴史を創造する」要因となるような諸個人を指す（同:

38）といわれている。[2] そして、「キー・パースン」論から明治維新期の日本の社会変動を考察した市井の論考「維新史における主体性と法則性」は初め『思想の科学』に発表されたものであり、彼の著作である『哲学的分析』（1963年、岩波書店）の「誕生の母体」に「思想の科学研究会」の存在があったことが記述されている（市井 1963: vi）。市井は、明治維新のような歴史変動における「キー・パースン」を主に考察していたが、鶴見は、『思想の科学』の活動とそこに参加していた市井にその実践を見ながら「キー・パースン」論について言及している。そこで鶴見は、市井の「キー・パースン」は「小集団に献身する人」であるということから、「むしろ個々の集団内部の民主的賦活《ふかつ》を担《にな》う者としてのキー・パースンは、通常の意味での幹部やエリートでない場合の方が多いことであろう」という市井の文章を引用している（鶴見 1981: 214, 217 以下）。本書では、主に鶴見のいう「小集団に貢献する人」というところを参照しつつ、運動に関わったキー・パーソンを捉えている。

そして以下では、フォークソング運動という小集団の活動に関わるキー・パーソンとそれが展開される様々な領域に留意しながら考察していく。これから見ていくように、キー・パーソンは、市民運動（例えば「べ平連」）や言説、あるいはメディアという領域が複合的に交差する領域でフォークソングの実践による文化の形成に寄与する人物であったのである。

本章では、まずこの運動に関するキー・パーソンの一人として片桐ユズルの活動を起点として考察する。[3] 片桐はフォークソングを運動として捉えながら、そこにある部分で理論的な意味づけを与え、その動向の中心となった人物であった。このことは、1960年代後半以降の片桐が、フォークソング運動に関する論考を多数書いていたということにも特徴づけられる。そして、関西のフォークソングに関するまとまった論考が収録された『うたとのであい』が1969年8月に出版されていたことからも、その活動が活発であったことがうかがえる。詩人で批評家であり大学で教鞭をとっていた片桐は、アメリカ文学の学者、詩人として、アメリカのビートや現代詩の日本への紹介者である一方で、べ平連の集会にも参加し、フォークソングに関わる論考やミニコミ『かわら版』を発行していたのである。[4]

片桐は、1960年代後半に関西で展開されたフォークソングを運動として捉え、その動向を文章や集会におけるスピーチなどで表現していた。本章では、片桐によって書かれた関連するテクストに言及しながら、関西におけるフォークソング運動の形成の動向と表現文化の意義を、関連する媒体(メディア)や言説の内容に議論を広げながら考える。そして、フォークソング運動がどのように捉えられるのかについて考察する。[5]

1　片桐ユズルと表現文化、市民運動

まずは片桐のプロフィールを確認しておきたい。

片桐は、1931年に生まれ早稲田大学で学び、そして大学院に進学して修士課程を修了後、都立高校の英語教師となる。[6] また片桐は、鶴見が関係する「思想の科学」や「声なき声の会」「記号の会」「べ平連」などに参加している。[7] そして、高校教員だった1959年にフルブライト留学生としてサンフランシスコ州立大学へ留学した。そこで出会ったのが、ポエトリーリーディングであり、ビ

ートであった。片桐は、留学前の日本でも詩に関する同人誌に関わっていたが、アメリカ留学からの帰国後に翻訳したのがビートの詩集である。その後、1965年に大学の英語教師として神戸に移住する。

1960年代後半からの関西フォークソング運動について、片桐は、その著作活動によって方向性を示していた。片桐は、フォークソングに関する論考をいくつも出版していた。また片桐は『声なき声』や『べ平連ニュース』『思想の科学』などにも寄稿しており、その運動母体である声なき声の会やべ平連の活動において鶴見や関係者とともに行動していたのである。

そして、表現文化と市民運動との交差に関しては、片桐の議論にも顕著であるが、フォークソングが鶴見の言うような「限界芸術」と重ね合わされることによって、「民衆」のうたであるということが浮かび上がってくる。ポピュラー音楽文化の言説において鶴見の議論が応用されることにより、「民衆」や「ピープル」と関わりながらフォークソングがクローズアップされるのである。ここでは、ポピュラー音楽言説の自律性と民衆のうたであるフォークソングによる文化の運動が目指されたのである。それは、ベトナム反戦運動においてフォークソングが歌われていたことにも象徴される。片桐は鶴見の「限界芸術論」を展開することによって、「民衆」という概念を強調しているのである。[8]

雑誌『フォーク・リポート』に関しても、当時、フォークソングとロックというのは渾然となりながら雑誌のレイアウトのなかに現れており、現在のようにジャンル毎には分けられていなかった。むしろ、片桐、三橋一夫、中村とうよう、小倉エージなどの批評家は、フォークソングの持っていた社会性や批判性がロックにも受け継がれていたとの認識を持っていた。それは、例えば小倉が『フォーク・リポート』の創刊号に寄せた「ニューロックに見出すもの」で、ドアーズなどのロックとフォークを比較しているところからもうかがえる。[9]

『フォーク・リポート』が発行されていた1969年から1973年ごろには、ポピュラー音楽の世界では、岡林信康や中川五郎、高石友也ら関西フォークの歌手はいわゆるメジャーレコード会社からデビューしている。アメリカでは、ボブ・ディランはすでにフォークギターをエレクトリックギターに持ち替えてライブやレコーディングを行っていた。そして片桐はロックとフォークについて「限界芸術」の議論から分類し、ロックは「限界芸術として可能」なのかという観点では「コマーシャリズムにはしらざるをえない」という認識を持っていた。[10] それでもビートルズについては評価を行っており、ロックというものの価値が一概に低いというわけではなかったのである。

そして、片桐が1976年に発表した「替歌こそ本質なのだ」では、フォークも限界芸術でなくなってきていると述べている。ここから、むしろ限界芸術が大衆芸術に入り込むことによる、大衆文化への分析が必要になるだろう。

そこで、本章で問題にしたいのは「限界芸術」と「大衆芸術」「大衆文化」という領域をどのように捉えるのかということである。

では、関西のフォークソングがどのような位相にあったのか。それを「関西フォーク」から見ていきたい。

2 運動としての「関西フォーク」

片桐は1960年代から「関西フォーク」運動に詩と言論から深く関わった。そして、いわゆる「関西フォーク」の始まりとして、片桐は高石友也を挙げている。この運動においては、岡林信康、中川五郎らが関わっていた。また「関西フォーク」という名称は、狭義には、秦、片桐、中山編のレコード『関西フォークの歴史』とその小冊子、片桐ユズル、中山容が執筆した「関西フォークの歴史についての独断的見解」によってつけられたと考えられるが、その名称に言説としての内容を与えていったのが『うたうたうた フォーク・リポート』という雑誌と関係者の運動である。というのも、フォークソングを「運動」として認識しながら言説領域を展開していたのが『フォーク・リポート』であったからである。

ここでは「関西フォーク」について、資料としては片桐らによって編集された音源（『関西フォークの歴史』）とその小冊子（「関西フォークの歴史についての独断的見解」）を見ておく。前述したように、ここに収録された作品群が、「関西フォーク」とカテゴライズされる音源となるものだからである。片桐も編集に関わった、アルバム『関西フォークの歴史』に収録されているアーティストは、高石友也、高田恭子、フォークキャンパーズ、中川五郎、高田渡、阪大ニグロ、西尾しま子、豊田勇造、ミューテーションファクトリー、五つの赤い風船、岡林信康などである。ここには「関西フォーク」の広がりが音楽によって確認される。そして、『関西フォークの歴史』には小冊子が発行されていて、それが「関西フォークの歴史についての独断的見解」（URCレコード）である。そこには、年譜に続いて、片桐ユズル「関西フォークの歴史についての独断的見解」と中山容「尻つぼみか? 京都フォーク運動」が収録されている。

関西におけるフォークソング運動について、黒沢進の『資料 日本ポピュラー史研究〈初期フォーク・レーベル編〉』(黒沢 1986)からその流れを見ておきたい。

黒澤によると、1966年12月に、高石ともやが秦政明のマネージメントのもとで、「かごの鳥ブルース」でビクターからデビューする。1967年11月になるとザ・フォーククルセダーズが解散記念として自主制作したLPがラジオ関西でかかり、12月に東芝EMIからデビューする。そして1968年2月に中川五郎作詞、高石ともや作曲の「受験生ブルース」がビクターから発売されヒットするのである。1968年5月には岡林信康が高石の事務所に所属となっている。

これが、片桐ユズル「関西フォークの歴史についての独断的見解」では、社会状況との関わりが強調された歴史記述となる。

それは、1966年6月にべ平連の招聘によるハワード・ジンの来日とティーチ・イン、その大阪の会場で阪大ニグロが歌ったことの記述から始まる。同時期に、添田知道が『日本春歌考』を出版したという情報も掲載されている。1966年7月には、大阪労音において「フォークソング愛好会」が発足している(世話人が阪大ニグロ)[11]。そして、1966年10月に秦政明が主催していた、「第2回フォーク・フォーク・フォーク」に高石友也が飛び入りで歌うことで二人は出会ったとされる。

このように、片桐によって「関西フォーク」と名付けられる一連の動きが記述されているのであった。そして、市民運動団体のべ平連との関係も含みこみながら、フォークソングは運動としても意味づけされていくのである。また中山容は、高石友也事務所、京都YMCA有志と片桐の「かわら版」がラジオ関西の協力で「フォーク・キャンプ」というフォーク集会を始めたと書いていたが（中山 1975: 41）、次に見るように「フォーク・キャンプ」がフォークソング運動の始まりとして意味づけられていくのである。

3　フォークソング運動の展開

ここからは、フォークソング運動におけるいくつかの契機について考察する。

片桐を始めとして様々な人々が関わるところでフォークソング運動を意味づけるものとして、大阪新森小路教会での「フォーク・スクール」、「フォーク・キャンプ」という集会、ベ平連や東京フォーク・ゲリラとの交差、フォークソング運動の動向を伝える媒体（『フォーク・リポート』、『かわら版』という雑誌やミニコミ）、様々な媒体に文章として書かれたもの、そして「関西フォーク」の中で運動と交差した音楽やミュージシャン、関係者等が挙げられる。[12] このような場所や機会、メディア、表象と人々の活動により、フォークソングが運動として実践され認識されていたことが分かる。

「フォーク・スクール」については、1968年の1月から大阪新森小路教会で開かれていた（片桐編 1975: 2）。[13] 片桐は『思想の科学』1968年9月号に「フォーク学校の構想」を書き、その意味を解説している。この論考で片桐は、「フォークソング」の運動を「学校」という空間において展開することを構想していたのである。ここでいう学校とは、大阪にあった民間の「文学学校」のような場所が想定されていた。「フォーク・スクール」とは、「生徒は週二回きて、いろいろなひとが、いろいろなレクチャーをするし、実習といって作品を発表して批評しあったりする、そういうことを半年ぐらいすると、いちおう卒業する」(片桐 1968: 36) というように述べられている。

そして「フォーク・キャンプ」というフォーク集会については、主催者である大阪新森小路教会の村田拓らとの座談会において、それを「反戦フォーク運動」と定義している[14]。

「フォーク・キャンプ」は、第1回が1967年に京都高雄で行われた。ここで中川は「腰まで泥まみれ」を歌っている (中川 1969)。また1968年の第3回には、遠藤賢司、高田渡、ザ・フォーク・クルセダーズらが参加しており、音源としてはレコードも発売されている。

「フォーク・キャンプ」はフォークソング運動を意味づけるものとして捉えられている。そのことを片桐は、第1回「フォーク・キャンプ」に合わせるようにミニコミ『かわら版』第1号を発行したことや (片桐 1975: 16)、「フォーク・キャンプ」が開催される前には、村田が高石を支持して大阪新森小路教会で反戦集会を月1回ペースで開いていたことにより説明している (同 : 15)。

関西フォークソング運動については、片桐や村田拓らと座談会において「反戦運動」との交差から語られていたが、これは同時期の市民運動「べ平連」とも関わるものである (片桐 1969)。

そしてフォークソングにおける「運動」とは、最初のころは「フォーク・キャンプ」というフォーク集会であったが、それは「いわゆる関西フォークソング運動」として、片桐は「フォーク・キャンプ」を「旗あげ」として捉えていた (片桐 1982: 25)。「フォーク・キャンプ」は、片桐によれば、高石友也のまわりにいろいろなひとたちがあつまりはじめた。このいきおいにのって村田拓たちの高石友也後援会と、秦政明の高石友也事務所が企画して、「フォークはおれたちのものだ」をスローガンに、一九六七年夏に京都高雄で、第1回フォーク・キャンプがひらかれた。

（片桐 1975: 15）

というように書かれている。

また、ベ平連運動とフォークソング運動の交差に関しては、片桐の「フォーク・キャンプ運動」に関する論考、あるいは『ベ平連ニュース』『週刊アンポ』に書かれた論考や1969年新宿駅西口広場で展開された東京フォーク・ゲリラ、その動向を伝える片桐の『新譜ジャーナル』に掲載された「クールなメディア」などからも跡付けられる（→第5章）。

フォークソング運動の動向を伝える書かれたものを掲載する媒体としては、第5節で取り上げるように片桐はミニコミ新聞『かわら版』を1967年に創刊している。また『かわら版』からの展開として、片桐は中川、小林隆二郎とともに「かわら版キャラバン」を組織しライブを行っている（1973年）[15]。そして、『フォーク・リポート』もフォークソングを運動としてその動向を意味づける媒体でもあったのである（→第5節）。

片桐はベ平連において通訳を行っているが、ベ平連の集会では、ジョーン・バエズがスピーチを行っていたり、高石が歌っていたりと、フォークソングが運動と片桐、高石、中川らを結びつける媒介であることが分かってくる[16]。

また、大阪新森小路教会の村田拓もフォークソングを運動として捉えている一人であった。村田は、『フォーク・リポート』にいくつか論考を残している。それを記しておけば、以下のようになる。

「民衆の心そのものの表現を」１９６９年1月号
「もっとも簡明なこと——歌は思想である」１９６９年4月号
「われらの歌にラディカルなノンを！」１９６９年7、8月号
「フォークソングの根源的な創造の目的は」１９６９年12月号

そして村田は、フォーク・キャンプ監修と銘打った、高石友也、岡林信康、中川五郎著の『フォークは未来をひらく』（１９６９年）の前書きを書いている[17]（↓第３章）。村田にはアメリカ文化であるフォークソングが、日本という場所のなかで「うた」によって民衆文化と接しながらローカル化されているという認識があったのである。

そして、フォークソング運動の中で交差した歌は東京フォーク・ゲリラによっても替え歌にされて歌われていたのである。フォーク・ゲリラの歌は、べ平連との関わりやＵＲＣを始めいくつかのレコードにおいても聴かれるものだった[18]。

図 4-1　片桐ユズル『うたとのであい』社会新報、1969年

4　片桐ユズルとフォークソング

ここでは、フォークソングについて様々な媒体に書かれたものとして、片桐による論考を中心に見ていきたい。先に述べたように、片桐はフルブライト奨学金を得て、１９５９年にアメリカのサンフランシスコ州立大学に留学しているが、アメリカ留学から帰国するとビートに関する詩を翻訳し論考を発表していく。

片桐の論考「ビートにつづくもの」は、『現代詩手帖』１９６７年3月に発表されたものである。この論考は、その後片桐のフォークソング論集『うたとのであい』（１９６９年）に収録される。ここでは、ビート詩と詩人たちの政治との関わりが述べられていて、「芸術の中立」のみでは測れない詩の意味と、その運動における社会環境の変化（例えばサンフランシスコ州立大学にポエトリー・センターが設立されて月例朗読会が開かれていたことなど）が明確に書かれているのであった。

この論考において、片桐は詩人のゲイリー・スナイダーから作家のジャック・ケルアックについて説明するときに、アメリカ西部のことを書きながら、カントリー&ウエスタンに憧れていたフォーク歌手のジャック・エリオットがやがてウディ・ガスリーに魅せられたことを述べることで、フォークシンガーについても書いていた。片桐はフォークの流れとして、ビートからプロテストフォーク、そして流行歌の流れとしてフォークのコーラスグループについても言及していた。この論考は、1967年に書かれたものであり、この時期に片桐はフォークソング運動関係の論考を多数発表していたが、ビートとフォークを結びつけて記述しているところからは、それらを一連の時代の状況の中に位置づけようとしていた狙いがあったと考えられるのである。

そして、『うたとのであい』には、高石友也ら先述の片桐によって書かれた関西フォークの歴史の中に登場するフォーク歌手や、関西フォークソング運動に関する論考が収録されている。関西フォークにおける高石の登場は、コーラスを中心としたフォーク歌手とは異なっていた。それは、高石が日本語で歌う歌詞にも現れている。そして、高石は中川五郎、岡林信康らのURCレコードからデビューするフォーク歌手たちに大きな影響を与えていた。

高石が関西フォークに与えた影響は、例えば、高校生であった中川五郎が高石のうたをラジオで聴き、べ平連の集会で高石が歌うというので会いに行ったこと（1967年）からも分かる（中川1969）。また、その後中川は高石が歌ってヒットした「受験生ブルース」の作詞者となり、フォーク歌手としてデビューする（1968年）ことで関西フォークという運動が胎動していくことにも象徴的であろう。[19] そして、「受験生ブルース」は運動と交差した音楽の一つとして挙げられるのである。つまり、「受験生ブルース」は替え歌になり東京フォーク・ゲリラにも歌われることで運動を象徴するものとなるのである（→第3章）。

このような替え歌については、片桐の「替歌こそ本質なのだ」に書かれることになるが、フォークソング運動はその状況について記述されることによっても表象されたのである。

高石は中川、岡林らのURCレコードからデビューするフォーク歌手たちに影響を与えることで、関西フォークソング運動においてキー・パーソンの一人となっていた。片桐は「フォークソングのめざすもの」[20]においてフォークソングとは何かということについて述べているのだが、ここでも高石を登場させている。あるいは、中川のように岡林信康も高石のうたを聴いてフォークソングをうたい始めていて、岡林のシングル『くそくらえ節』（URCレコード）には、岡林による高石からの影響がジャケットに書かれている。また、関西フォークソング運動の関係者の一人、大阪新森小路教会の村田拓も、高石友也後援会の会長であったし、URCレコードを作る秦政明も高石友也事務所としてマネージメント活動を始めている。そして、高石を始めとした関西フォークの歌手たちは、表現を市民運動（べ平連運動）と関わらせながら彼らの活動を表象＝代表 represent していった。これらが、表現文化が市民運動と交差しながらフォークソング運動を形成する相互に連携する諸実践であったのだ。

ところで、関西フォークにおいて「うた」は重要な意味がある。ではフォークの「うた」とはどういう位置づけなのだろうか。ここでも、片桐が探求していたフォークソングの実践があったのである。

第3章でも述べたが、その一つは、ミニコミ『かわら版』におけるフォークソングの歌詞の翻訳や紹介である。『かわら版』は1967年の創刊であり、URCレコードが広報を兼ねて発行していた『フォーク・リポート』は1969年なので、この雑誌に先行しながら歌詞を載せていたということが重要である。事実、「受験生ブルース」が最初に媒体に掲載されるのが『かわら版』なのだった。もう一つは、「受験生ブルース」にも見られる替え歌である。これは、関西フォークの大きな特徴であると考えられる。そして、これらの活動が、メディアを介して関西フォークを東京フォーク・ゲリラや市民運動と交差させて表現を形成していくのである。[21]

ここで、フォークソング運動という市民運動に部分的に参加した表現文化の領域の形成は、このように表現を行う実践者、場所、媒体などが複合的に連携することで浮かび上がってくるものであると考えることが出来るだろう。

次に、フォークソング運動と連携する媒体について見ていきたい。

5　『かわら版』『うたうたうた　フォーク・リポート』とフォークソング運動

ここではフォークソング運動において、表現やその動向を伝えていたメディア（媒体）について考察する。

片桐は『かわら版』を発行していたが、その活動において注目されるのがフォークソングの歌詞の翻訳や紹介である。先ほども述べたように、「受験生ブルース」が最初に媒体に掲載されるのが『かわら版』であり、ミニコミが雑誌に先駆けていたということである。そして、日本語の歌詞をコード譜とともに掲載するということは、それを読者がギターを使って歌うことが出来るという意味もあった。

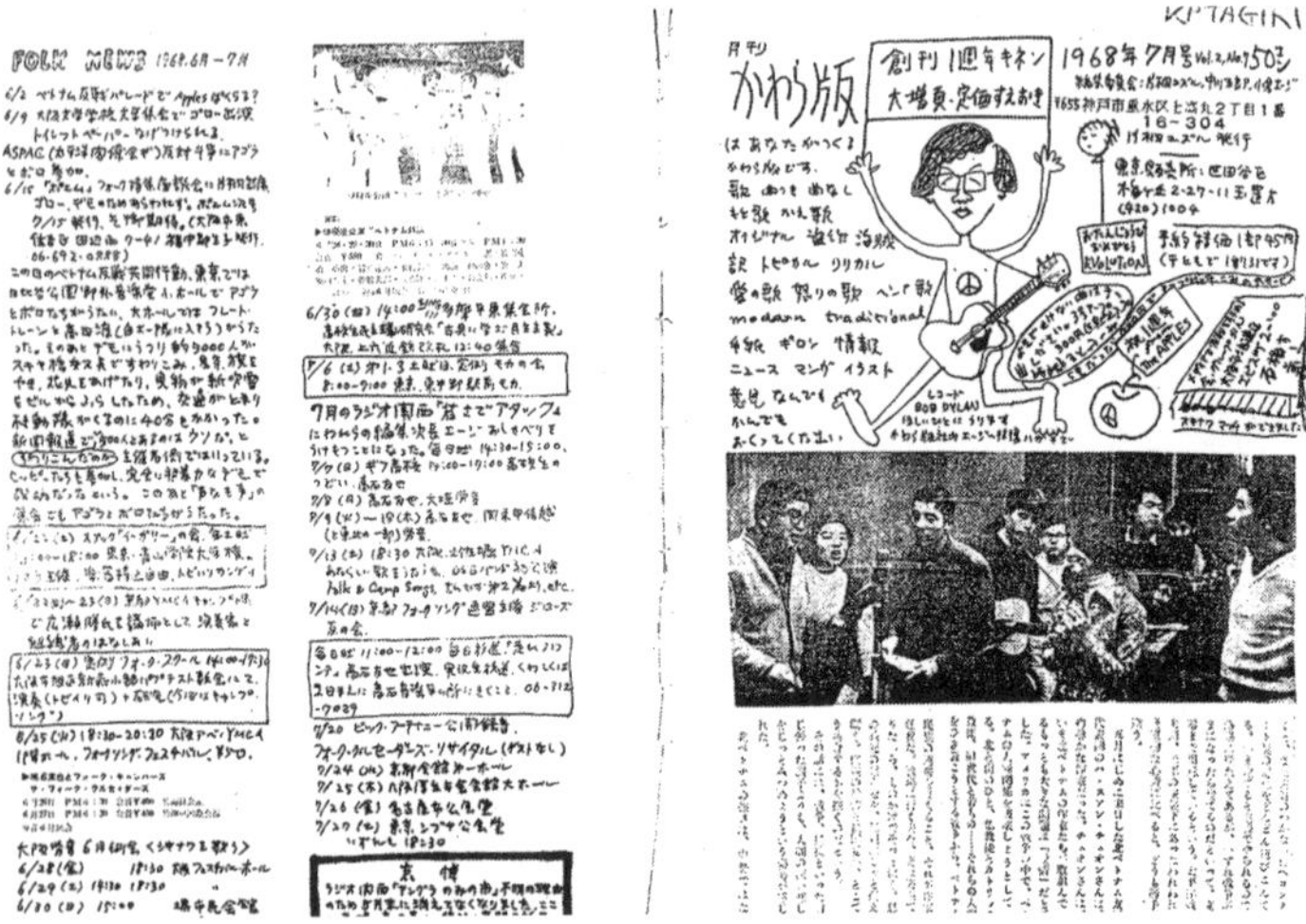

図 4-2 『かわら版』の誌面（『かわら版』1968年７月号）

ちなみに、フォークソングの歌手が多く掲載されていた『新譜ジャーナル』と、ロックの批評誌として創刊された『ニューミュージック・マガジン』はそれぞれ１９６８年と１９６９年創刊であり、『かわら版』と『フォーク・リポート』はそれらと並行しながら、来るべき音楽批評の言説空間を準備していたと考えられる。そして『かわら版』というメディアは、片桐と中川が共に連携した活動の一つでもあった。

・『かわら版』

ミニコミ『かわら版』は１９６７年７月に創刊され、片桐の個人編集により発行される。初期の一時期、後に音楽評論家となる小倉エージ、そして、フォーク歌手の中川五郎が編集に参加していた。『かわら版』は創刊号の１９６７年７月から、１９７３年の５月号が「おわり・はじまり号」となる。それから、「かわら版スペシャル」として

図 4-3 『かわら版』創刊号 1967年 7 月

中川五郎のわいせつ裁判の記録が発行されている。その後『かわら版』は、名称を変更して何度か刊行されているが、本章では、創刊号から71年ごろまでの「うた」に関する内容を中心に取り上げる。[22]

『かわら版』の内容については、基本的には「うた」を掲載するミニコミであった。「うた」はボブ・ディランの翻訳や日本のフォーク歌手の「うた」も楽譜付きで紹介されていた。しかし『かわら版』には歌や表現のみならず反戦や社会批判・メディア批判、あるいは性に関する表現などの内容も掲載されていた。本章では、フォークソングと関わる問題について中心に取り上げている。そのため『かわら版』の内容の全てを網羅しているものではない。

創刊号には「創刊のことば」が掲載されている。

時代は変わってゆく。テープレコーダー、電子コピー、電話、新幹線などの発達が、ふたたび、手づくりの品物の流通を可能にする——かわら版も、ここに復活した。だれでも、なんかできる時代になりつつある。創作、ホン訳をとわず、本歌、替歌をとわず、トロピカル、リリカルをとわず、曲あり、曲なしのことばだけをとわず、また手紙、評論、レビュー、寸評を募集中[23]

うたの表現に関しては、社会批判としての替え歌が掲載されていた。例えば、すでに言及したように、中川、高石の「受験生ブルース」も替え歌であった。創刊号には、高石友也訳のボブ・ディラン「時代は変わってゆく」も掲載されていた。また、別の号には中川の政治風刺のうた「Aちゃんのバラード」も掲載されている（1967年8月号）。中川は精力的に自身のうたと歌詞の翻訳を載せている。

1967年には、中山容訳のボブ・ディラン（9月号）や真崎義博訳のディランのうた「炭鉱町のブルース」（10月号）、中川の替え歌「受験生のブルース」なども掲載されている。10月号には高石の曲の歌詞（「浜の若者」）も載せていて、［毎日ラジオ　フォーク　アンド　ヤング・ボイス　8月の歌でした］と記載されている。このように、このミニコミにはラジオというメディアで歌われたうたの情報がいち早く伝えられていたということである。11月号には、中川訳で「腰まで泥まみれ」（ピート・シーガー作）の歌詞がイラストや新聞記事の一部のコラージュとともに1ページに掲載、またトラディショナルが中山、片桐訳で載っている。トム・パクストンの「動物園に行こう」は中川の訳にイラストが添えられている。12月号にはザ・フォーク・クルセダーズの「帰って来たヨッパライ」の歌と曲、小倉エージ訳のディラン「くよくよすんな」などが掲載されていた。

1968年も歌を中心に紙面が作られている。内容の一部を挙げておけば、1月号には新聞記事のコラージュとともに高石訳のボリス・ヴィアン「戦争ぎらい」の詞と曲が掲載されている。2月号では詞、中川、曲、高石の「受験生のブルース」が掲載されている。これが、高石がメジャーから発売した「受験生ブルース」と同時期に楽譜付きで出版されたものである。あるいは、「殺し屋のブルース」など中川のアルバム『終り　はじまる』に収録されている曲の歌詞と楽譜、そして風刺漫画のイラストが掲載されていた。また、『かわら版』の内容は反戦に関するものがうたとも関連しながら掲載されている。3月号には「イムジン河」発売中止の記事が1ページに、そして岡林信康の「クソクラエの歌」、中川の「主婦のブルース」などが楽譜付きで載っている。ここには、中川訳のピート・シーガー「ある主婦の訴え」の楽譜とともに中川の「主婦に関する2つの歌について」という解説が掲載されている。4月号は中川訳「腰まで泥まみれ」の楽譜とマザーグースのわらべうたから「三匹のコネコ」（野中恵子・片桐ヨウコ訳）などが掲載、5月号は岡林作「友よ！」の楽譜、今江祥智作詞の「白い花」、中川訳「帰るそのとき」「カム・トゥ・マイベッドサイド」などが掲載され、反戦に関する記事のコラージュと歌が載っていた。6月号は、ピート・シーガー（阪大ニグロ訳）「花はどこへ行った」の楽譜が1ページ、ディラン「激しい雨が」中山容訳「時代は変わる」高石訳などが掲載されている。

そして7月号で創刊1周年として中川のイラストとともに、

かわら版はあなたがつくるかわら版です．歌　曲つき　曲なし　もと歌　かえ歌　オリジナル　盗作　海賊　訳　トピかる　リリカル　愛の歌　怒りの歌　ヘンナ歌　modern traditional 手紙　ギロン　情報　ニュース　マンガ　イラスト　意見　なんでもかんでもおくってください

というメッセージが1ページに記載されている。歌は岡林「ガイコツの唄」、高田渡「自衛隊に入ろう」、中川「おれはヤマトンチュ」など、そしてメッセージは、北中正和、三橋一夫などが書いている。Question&Answer というコーナーは中川が担当している。

8月号はトム・パクストンの曲（中川・阪大ニグロの訳）、岡林「山谷ブルース」などが掲載されている。次の『かわら版リプリントNO．1』はフォーク・キャンプ歌集として28曲が収録される。9月号は岡林「アメリカちゃん」の歌詞（コードは編集部がつけたと但し書き）、第3回フォーク・キャンプ制作分科会作の「みんなで歌おう」など、Q＆Aには、中川五郎はプロか？という質問に「NO．プロとはそれで食べている人のこと。」と素人としてのフォークシンガーが強調されている。また、2ページにわたって日本民間放送連盟のものと思われる要注意曲一覧のコピーが貼り付けられている。10月号は山内清作詞、中川作曲の「うた」が1ページ、作者不詳「ままこ」（「定時制高校をうたったフォークのクラシック」）、フォーク・クルセダーズ訳「キツネ」（Anglo-American Traditional）などが掲載、そして11月号の1ページは片桐詞「風」、裏面はアングラ・レコード・クラブの告知、ありま

たかし（有馬敲）詞、西尾志真子曲「たいそう」、遠藤賢司「君が欲しい」、ディランの2曲に中山容の訳などが掲載されている。12月号の1ページは、アレックス・カンフォート詞、ピート・シーガー曲「ひとりの手」松川雅彦訳、片桐改訳、裏面には9月号の中川がプロではないとするQ＆Aへの反論としての読者の投稿が載っている。１９６８年刊行の『フォークソングをぶっつぶせ!?　第1集』掲載の「俺らの空は鉄板だ」で、高石が歌わなかった部分も掲載されている。そして『かわら版リプリント2』は「ボブ・ディランをにほんごで」となっていて、ディランの歌が紹介されている。

１９６９年は、1月号でニグロ・スピリチュアルの「武器を捨てて、小川のほとり」を片桐が訳している。そして、バハマ民謡の「ヘイ・ライデー」の替え歌について取り上げている。これは、「炭鉱町のブルース」が「受験生ブルース」に変化していくのと似たような変化が見られる。

原曲・バハマ民謡　編曲　北山修
ことば・北山修→フォーク・キャンパーズ→高石友也→岡林信康→あなた

このように、歌の「ことば」は歌い継がれていくということである。またそれは、4月号のひがしのひとし「インスタントのうた」が、

ことば：ひがしのひとし→ひらたよしえ→あなた

というように、最後に「あなた」と続けられることによって、読者もこの歌と関わるという協同の事例の一つともなるだろう。

2月号は、ウッディ・ガスリーの曲を高田渡が訳・編曲している「この世に住む家とてなく」が掲載されていて、ガスリーの日本で発売されているレコードの情報もある。[24] またマスコミ批判の歌や替え歌も掲載されている。3月号は、高石訳・創唱の「ホーチミンのうた」が1ページ、高田渡「大ダイジェスト三億円強奪事件の唄」の歌詞違いのバージョンとして「三億円」が収録されている。これは、『かわら版』というミニコミがいわゆるレコード歌手の歌詞をメジャー誌より前に載せていることから、まさにインディペンデントの実践の事例となっている。また、この号には「町工場のブルース」というトラディショナルを参考とした歌詞や「かえうたたいかい」という替え歌が掲載されている。4月号は、1ページでピーター・ポール・アンド・マリーの「ロック天国」から、ことばとして、かつきてつよしの歌詞を掲載、この号には「かえうたコーナー」というページがある。ここからも分かることは、替え歌がフォークソング運動の特徴の一つであったということである。そして、そこに読者が関わるということである。5月号は有馬敲詞、鈴木孝雄曲「贋金づくり」が1ページ、反戦・反安保闘争のカンパの呼びかけ、別ページでは新聞などの切り抜きのコラージュ、野上彰作詞、團伊玖磨作曲「子守唄」の楽譜、替え歌などが掲載されている。そして、6月号において1ページが東京フォーク・ゲリラに関する切り抜きの記事が貼り付けてあり、裏面には反戦万博博覧会の告知が載っている。またフォーク・ゲリラの「機動隊のブルース」の歌詞も掲載されている。あるいは別のページには、中川訳のトム・パクストン「ぼくにすがっておくれ」の楽譜、アメリカのトラディショナルに片桐が改作した「かっこう　つけてるよ」も載っている。7月号は、1ページが有馬敲詞「転身」に高田渡が作曲、裏面は『週刊アンポ』の告知、アメリカ・トラディショナルの片桐による訳「彼氏がカウボーイだったなら」、作詞者不詳、補作、改作、原田ゆうじ「やめちまえ節」などが掲載されている。8月号は、「新幹線はうんとはやい」なれあいシンガーズと高田渡詞、「フレイト・トレイン」エリザベス・コットン曲が1ページ、その他「ひょっこりひょうたん島」の歌詞とコードなどが掲載されている。9月号は、1ページに南大阪べ平連が作詞作曲の「栄ちゃんのバラード」、そこには「フォークゲリラ運動の生んだけっさくなのに、第4回フォーク・キャンプでだれもうたわなかったフシギな歌―このことについてギロンをまちます。」と書かれている。裏面は『週間（ママ）アンポ』第1号の告知。岡林「今日をこえて」「それで自由になったのかい」の歌詞、楽譜、友部正人の「たむしの唄」の楽譜などが掲載されている。10・11月号では、「あるとき考えた」ひらたたかしの楽譜が1ページ、添田唖蝉坊作詞、高田渡作曲「あきらめ節」の楽譜、「主婦のブルース」の曲でとの但し書きのある「工専生のブルース」、「ギロンよまきおこれ！」「アングラ・ミニコミ案内」など、そして12月号は、創刊号からの総索引、投稿や『べ平連ニュース』の記事のコラージュなどがあった。

そして1970年の内容を見ておけば、1月号ではアメリカ民謡、2月号は中川「10月21日の夜に」、石川遼子個人詩誌からの詩など、3月号はおぐらえーじ（小倉エージ）の日本語によるジュディ・コリンズ「みち　の　おとずれ」、「てがみ―春歌について」などを掲載、4月号はシャンソンの「フルーツサラダのうた」である「野菜サラダのうた」（変詞、変曲（ママ）ひらたよしえ）、岡林信康特集など、5月号は友部正人のうた、エド・マカーディ「イギリス春歌抄」から「羊飼」三井徹、

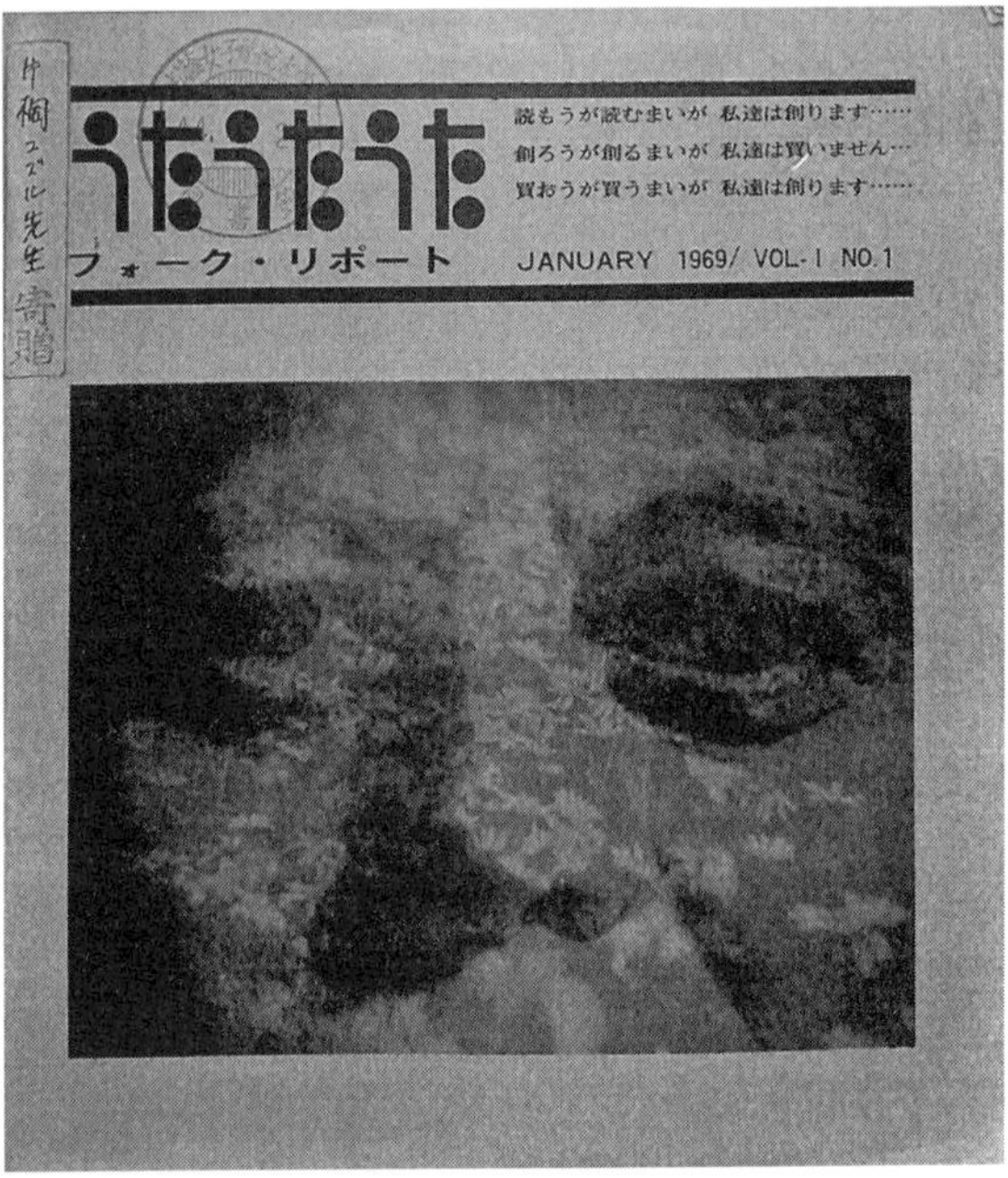

図4-4 『うたうたうた フォーク・リポート』創刊号

片桐訳など、6月号は浅野義彦「おふくろさん」、ナンバ元町喫茶ディランにおけるティーチインの告知、柏倉秀美、作詞、早川義夫、作曲「NHKに捧げる歌」、ジャックス「堕天使ロック」の楽譜などを掲載、そして、アリスと小鹿のイラストと『人間として』掲載のイラストの説明文、友部正人「公園のベンチで」などが7、8、9、10月号に見られる。11、12月号では、ダグラス・ラミス「ボブ・ディランのセルフ・ポートレイトについて」、活字の文章が貼り付けられ「文化創造の方法というシンポジウムで室謙二は次のように前おきしてしゃべったあとでうたった。＊注　漏れはノンバーバル・キャンプのあとだったから」という手書きの文章が書かれている。そして永井洋の歌と訳詞などが掲載されている。

71年になって、1号では、岡林信康の文章、古川豪「トカトンントン」楽譜、「脱走兵通信第15号」

から一部が転載されている。そして第2号で、『フォーク・リポート』が押収されたことに対する抗議声明が載っている。この『フォーク・リポート』に関する表現の自由をめぐる裁判が、片桐によるとフォークソング運動の次の波ということになる（片桐 1975）。

『かわら版』の歌に関して特徴的なのは、社会や政治へのプロテストについて書かれた歌詞を中心に載せる一方で、フォークソングのトラディショナルの翻訳や替え歌、様々なタイプのうたが掲載されており、読者としての「あなた」も強調されたインディペンデントな媒体であったということがわかる。そして、レコード歌手のうたもいち早く掲載するという、フォークソング運動の一つのメディアとしても機能していたのである。

次に、片桐も創刊号から論考を寄せていたメディアである『フォーク・リポート』が伝える状況を中心に、フォークソング運動がどのように実践されていたのかについて見ていきたい。

・『うたうたうた　フォーク・リポート』

フォークソング運動としては、『フォーク・リポート』が当時の状況を伝えており、その動向を知る手がかりとして資料としての意味がある。この雑誌は、1969年1月に創刊され1973年まで刊行されていた。創刊号には、片桐の他、その後『ニューミュージック・マガジン』を創刊する中村とうよう、評論家の小倉エージなども執筆を行っていた。

ここでは、片桐によってフォークソング運動の第1の波とも言われる1969年を中心に見ていく。1969年1月創刊号で特徴的なのは、目次に「うたのこと」「運動」「プロテスト」などの見出しに分けられて記事が掲載されているように、同時期のフォークソングを中心に扱っていた雑誌であった『新譜ジャーナル』とは誌面の構成が異なっていたということである。『新譜ジャーナル』には歌詞と楽譜が掲載されているのだが、『フォーク・リポート』にも歌詞と楽譜は載ってはいるが文章が中心であった。[25]

1969年を中心とした『フォーク・リポート』の内容については、中村の「『ニューミュージック・マガジン』発刊のことば」（1969年3月号）や「奇っ怪な歴史のネツ造『オッペケぺからフォークまで』を読んで」（1969年7、8月号）が掲載されていたり、北山修、竹中労、「ほんやら洞の詩人たち」にも参加した有馬敲、京都精華短期大学の中山容、べ平連の室謙二、『フォークは未来をひらく』にも書いている大阪新森小路教会の村田拓、作曲家の林光などが寄稿していた。

これらの内容から分かることは、『フォーク・リポート』は、ポピュラーな音楽雑誌とは異なる執筆者によりフォークという言説、つまり「フォーク」とは何かということについて議論するような場の構築に寄与していたということである。そして、この雑誌の内容に共感する読者を持っていた。また、一方では雑誌を中心としながら、音源（レコード）や歌手の動向を伝える役割があり、他方、この雑誌には批評家や、大学教員、運動家、詩人、牧師などが参加していた。つまり、インディペンデントなレコードレーベルが雑誌を運営することにより、主流とは異なる言説空間を形成していたと考えられるのである。

内容については、創刊号（1969年1月号）には、片桐のプロテストソング論や「フォークソング運動をすすめよう」（川村輝夫）という論考が見られる。そして、1969年5・6月号は池淵博之「フォーク・ソング運動の問題点」が掲載され、1969年11月号の特集が「われわれのフォーク運動をどう進めるか」というものであった。

これらの記事からは、フォークソングの活動を「運動」として捉える流れがあることが確認できる。ここで「運動」とはうたや表現を通じて社会の問題にどのように関わっていくのかということであり、その一連の動きにおいてべ平連のような反戦市民運動とも関わるのである。このようなフォークソングの捉え方は、同時期の音楽雑誌とは異なる特徴である。

そして1969年7・8月号には、反戦万国博覧会（1969年8月7日から9日）開催の記事がある。呼びかけ人としては、小田実、小中陽太郎、塩沢由典、鶴見俊輔、鶴見良行、中川五郎、針生一郎、向井孝、武藤一羊、大阪地域のべ平連などであった。

1969年9月号では、特集が「自主規制、自主規制のマスコミさんかってな真似するな」であり、

「座談会・マスコミ企業の自主規制の実態とフォーク運動の展望
●竹中労、伊藤強、坂元良江、高石友也、秦政明」
「発売、放送禁止されたうた」
「URCレコード誕生の意味●広瀬勝」

というような記事が掲載されている。

1969年10月号では、8月8日のハンパク・フォーク・フェスティバルで新宿フォーク・ゲリラ、

高石、岡林と論争の記事が掲載されている。あるいは、11月号においても、8月11日の日比谷野外音楽堂での高石とフォーク・ゲリラの論争が続けて掲載されていた。ちなみに8月9〜10日は、岐阜県の中津川でフォーク・ジャンボリーが開催されている（7・8月号に告知広告が掲載[26]）。69年10月号に竹中労は、これらの状況を記述している。

また関西フォークにおける歌詞については、替え歌[27]やいわゆる放送禁止歌とも関わる表現の問題があった[28]。先ほど取り上げたように、『フォーク・リポート』には1969年9月号で、「自主規制、自主規制のマスコミさんかってな真似するな」という特集が組まれているが、ここには、編集部としてマスコミ報道、レコード倫理規程についての批判や新宿西口フォーク・ゲリラがフォーク運動の成果として記述されているのである。そして、岡林信康「クソクラエ放談」では、岡林の「くそくらえ節」が発売禁止になり、「ガイコツの唄」がカットされたレコード倫理規程について岡林のインタビューが掲載されている。岡林は次のように述べている。

だいたい既成のレコード会社で出そうということ自体無理な話で、アウトになった時、ああやっぱりな!!という気やった（岡林 1969b: 9）。

以上のように、1969年の『フォーク・リポート』には、フォークソングの表現と実践に関して運動として表象される議論があり、それらが相互に関係するような誌面となっていたのである。『フォーク・リポート』は1970年になると、1月号ではフォーク・ゲリラの消息を伝えている。また、投稿には中学生の文章も見られる。そして、3月号には中村とうようが書いている。6月号には加藤登紀子の文章や、有馬敲と谷川俊太郎の対談も掲載されている。7月号には「1970年夏全国フォーク・キャンプ特集」が組まれ、夏に行われる各地のコンサートの告知が掲載されている。そして1970年冬の『フォーク・リポート』において、片桐がフォークソング運動の次の波と言う、「フォーク・リポートわいせつ裁判」の発端となる小説が掲載されるのである[29]。

『フォーク・リポート』には、フォークの表現に関して、1969年から70年ごろにいくつかの議論があった。それは特に放送の自主規制と反戦フォーク、東京フォーク・ゲリラの三つが特徴的である。これらは相互に関係している。『フォーク・リポート』の編集はそのように捉えていたのである。

・表象される運動

ここでは、事例として『フォーク・リポート』1969年11月号にその模様が掲載された、東京フォーク・ゲリラと高石友也が関係する集会について取り上げる。ここで問題となるのが、芸能界とフォークソング運動のせめぎ合いである。集会は1969年8月11日に開かれ、そこでは高石のうたとフォーク・ゲリラとの論争が行われていた。すでに、8月8日には、大阪城公園にて「ハンパク・フォーク・コンサート」が開かれており、ここでも高石、岡林とフォーク・ゲリラは論争をしていたのである[30]。日比谷の集会の模様は後にLPとして発売されており、フォークソング運動において重要な出来事の一つであることが音源からも分かる[31]。

この論争の中で取り上げられたものの一つが、高石の芸能界での活動であった[32]。フォーク・ゲリラとの論争で、高石は自身の芸能界での活動と市民運動の集会などで歌うことは矛盾しないと語っている。しかし、フォーク・ゲリラはこのような高石の態度には不満を持っていた。LPにはフォーク・ゲリラと高石の言葉の応酬が収録され、コンサートのライブ盤としては珍しい内容となっていた。

フォークソング運動の中では、表現者たちは複数の空間の中で活動していた。フォーク・ゲリラとの論争からも分かるように、高石もフォーク歌手としての自身の立場と市民運動をつなぐものとして音楽活動を実践していたのである。それは、「あれか・これか」という活動基準ではなく、芸能界という場所とそこから相対的に自律したインディペンデントの空間との間を行き来しながら、メッセージを発信することを模索するアーティストの戦略といえるものではないかと思われる。

そして、集会の会場は歌のみならず討論の場所にもなっており、歌と言葉が交差することでフォークソング運動が表象されていたのである。加えて、コンサートの模様は『フォーク・リポート』1969年11月号に参加者の投稿とともに掲載されていて、読者には同時期の出来事として状況を知ることが出来たのである。このように、フォークソング運動は複合的な状況から意味づけられており、フォークソングにおいて人々の活動が協同されていたと考えることができるのである[33]。

現在からは、フォークソングというとニューミュージックへと引き継がれる歌と歌手が想定されるであろうが、見てきたように『フォーク・リポート』を始めとした媒体においてはフォークソングを「運動」として捉える動きがあった。フォークソング運動という表現文化は、表現を行う実践者、場所、媒体などが複合的に関わることで浮かび上がってくるものであると考えられる。それは、「フォークソング運動」を定義づける時に取り上げられる「関西フォーク」と呼ばれる音源や、それに関連する小冊子、その他ミニコミや雑誌媒体などのメディアで記録され表象されることで協同されたのである。[34]

フォークソング運動の中では、表現者たちは一枚岩ではなかった。高石自身も自らに「矛盾」を抱えていた。それでも、表現文化と市民運動をつなぐ活動を行っていたことは明らかである。フォークソング運動は、「反戦フォーク」としてベトナム戦争への反対運動としての市民運動であるべ平連、あるいはその運動の中から生まれた東京フォーク・ゲリラとも人的ネットワークでつながり、時には行動も共にしながら展開していたのである。

本章では、1960年代後半を中心にフォークソング運動の展開について、キー・パーソンとしての片桐ユズルの活動を起点にいくつかの契機から考察した。

これまで考察してきたように、片桐は1960年代後半の社会状況の中で、関西のフォークソング運動を言説と表現から実践していた。その前史として、1959年のアメリカ留学におけるビートや現代詩との出会いと日本での紹介・批評活動があり、それが『うたとのであい』において関西フォークソング運動とビート、現代詩に関する記述が同時に収録されることによって、両者が一続きの表現文化として捉えられていたのである。このことは、片桐の活動における一貫した表現の姿勢として捉えられるであろう。そして、フォークソング運動を活動として意味づけるものとしては、運動の動向を伝えるものとしてのメディアについて考察した。

その後、この運動は変容、終焉していくのだが、本章で取り上げたようにフォークソング運動は、キー・パーソンや人々の活動、場所、機会、メディア、表象などから分析することで、それらが複合的に関係する領域として捉えられる。そして、人々の表現と活動が関わるフォークソング運動は、戦後日本社会における文化を再考するときに改めて評価をすることが必要であると思われるのである。

第5章　活動のなかの表現文化

本章では、フォークソング運動に関わったキー・パーソンの活動として、片桐ユズルや中川五郎、室謙二、吉岡忍、そして小田実を中心に取り上げる。そして、フォークソング以降の音楽状況についても最後に議論しておきたい。

前章で述べたように、片桐はフォークソング運動にコミットしながら表現活動を行っていた。中川は自らがフォーク歌手として、「うた」を中心に歌詞や文章などで表現を行う運動の実践者であった。小田も、ベ平連の活動を通して音楽実践に側面から関わっていた。それは、室も編集や批評活動を通じて表現していたものであった。そして吉岡も東京フォーク・ゲリラの活動とそのことを言論として記述することで運動を実践していたのである。

フォークソング運動においては、インディペンデントという特性もあり、かなり自由な活動が行われていた。そこでは、音楽と批評家、言論や書物のような媒体が重要な役割を果たしながら創造的な表現文化となっていたのである。このことが、音楽だけに限られない、言論や思想と共振しながら展開していったフォークソング運動のある種の特徴といえるものであったのである。

1　片桐ユズルによる鶴見とマクルーハンの応用

片桐は、フォークソングを論じる前の英語研究の領域においてカナダのメディア学者、マーシャル・マクルーハンのメディア論、コミュニケーション論について言及しており、それをフォークソングにも援用していった。ここでは、鶴見の議論に加えてマクルーハンの方法論がどのように応用されていったのかということを考察する。そして、現代文化においてメディアと文化をどのように理解すればいいのかについて考える。

マクルーハンは、１９６０年代に日本の論壇に紹介されてからブームとなった。鶴見が編集した『大衆の時代』（１９６９年）においてもアドルノやベンヤミンと並んでマクルーハンの論考が訳されているように、鶴見の活動の中でもマクルーハンは関わりのある思想家の一人である[1]。

そして、片桐の音楽文化論では戦後日本のフォークソング運動が鶴見やマクルーハンを媒介しながら分析されているところがあり、その分析視角を明らかにすることで戦後日本の大衆文化研究の一側面として、メディアと文化を読み解き理解する方法を示すことが出来ると思われる。片桐は、英語教師としてマクルーハンに関する論考を執筆しているが、マクルーハンはフォークソング運動が社会へと関わる状況を捉えるときに応用されていくのである。

鶴見の「限界芸術論」は、１９６０年代末から70年代前半の大衆文化のなかに応用されていった。第２章で取り上げた「限界芸術」が「大衆芸術」に発生の契機が孕まれているということを端的に表現している事例が、戦後日本のフォークソング運動である。

そこで、フォークソング運動において、積極的に論考や著作を発表し、それを理論面で支えた片桐の議論が参照される。片桐は鶴見とは「記号の会」において共に研究会に参加し、べ平連に関わり『思想の科学』の編集にも携わっていた。

では、片桐がどのように限界芸術論を捉えているのか。その影響と応用について見ておきたい。片桐には、限界芸術論について言及する以前にも、鶴見からの影響がうかがえる。それが、鶴見のプラグマティズムの議論の受容である。片桐は、『詩のことば日常のことば』（1963年）において、アメリカ詩を分析するときに鶴見のプラグマティズムに依拠している。それは、鶴見のプラグマティズムについての方法である「折衷的方法」によって、記号が人間を行動へ方向づけていることを指摘しながら詩の描写の解釈を行っていることや（片桐 1963: 187–193）、『意味論入門』においても、鶴見の「言葉のお守り的使用法について」を参照しながら分析を行っていたことからも分かる（片桐 1970: 192–193）（↓第2章）。

このように、片桐は鶴見のプラグマティズムに親しみながら自身の詩論、意味論を彫琢していったのだが、『現代詩手帖』に発表した「替歌こそ本質なのだ」（その後『ほんやら洞の詩人たち』に収録された）に鶴見の「限界芸術」という言葉が出てくる。そこでは、フォーク歌手の古川豪について「限界芸術」から述べている（↓第2章）。ここで「限界芸術」は片桐の「替歌」論から出てきているのだが、フォークソングにおける「替歌」とはもともとは「民衆」の「うた」であり、いわゆる鶴見のいう「専門家」ではない「非専門家」が「非専門家」のオーディエンスに向けて歌っているものであった。それは、いわゆる「プロフェッショナル」のように「専門家」が作っているものではないために、もとからあるメロディを借りて「うた」を替えて歌うことも方法としてあるということになるだろう。もちろん、フォークソングの歌手がいつまでも「素人」でいるとは限らず、メジャーレーベルからデビューすることもある。そうなると、「限界芸術」としてのフォークソングは、「大衆芸術」との関連のなかで絶えず交渉を行っていかなければならなくなるのである。このダイナミズムを記述するために、「限界芸術」の「大衆芸術」への媒介、交渉の契機というものが必要になると考えられる(粟谷2018)。

2　マクルーハンとメディア論

片桐がフォークソング運動を記述するときに参照しているマクルーハンについて見ていこう。片桐は、マクルーハンの理論を独自に読み取ったと述べている(片桐 1975: 16)。では、マクルーハンの理論とはどういうものなのか。片桐の議論に入る前に、まずはその概要を述べておく。

・マクルーハン理論

マクルーハンの『メディアの理解』(以下、『メディア論』)(1964年)は、「メディアはメッセージである」や身体の拡張としてのメディアといった思想が示されており、現在でも引用されるメディア論の古典である。ここでは、マクルーハンの理論から、現在の視聴覚文化についてアプローチしていく。

マクルーハンは、トロント大学文化とテクノロジー研究所でトロント・コミュニケーション学派といわれる知の潮流の一翼を担っていた。そしていくつかの重要な研究を行っている。[2] マクルーハンは自身の研究において、「メディアはメッセージである」「ホットとクール」「グローバル・ヴィレッジ」などいくつかのテーゼを提出している。

マクルーハンによれば、現代は電気の時代であるとされる。このような時代には、われわれの身体や感覚は時間的にも空間的にも拡張されるようになった。

メディア文化の関係について、社会心理学者、南博はマクルーハン理論における「文化史」と「テクノロジー史」の「時代区分」を次のように整理している。

a＝文化史の時代区分。口頭文化→書字文化→活字文化→電気文化。
b＝テクノロジーの時代区分。原始技術→活字＝機械技術→電気技術。
（以下、マクルーハニズムの説明が続く。省略）
（南 1968=2010: 168）

これら「文化史の時代区分」と「テクノロジーの時代区分」の分類から、マクルーハンの議論が現代において「テクノロジー」をキーとなるものとして捉えていたということが理解される。それはマクルーハンのメディア論のテーマの一つであった。以下に、マクルーハンの理論のキーワードについて述べておきたい。

・「メディアはメッセージである」

マクルーハンの「メディアはメッセージである」は、その主要な著作の一つである『メディア論』の冒頭においてマクルーハン自らのメディア論を要約したものであり、彼の思想が端的に示されている。ここで語られていることは、メディア技術の発展による人間の感覚の変容についてである。

マクルーハンによれば、われわれの身体や感覚は時間的にも空間的にも拡張されるようになった。これはメディアによる社会と文化の変動について述べられたものであるが、マクルーハンによれば、車輪が足の延長したもの、衣服が皮膚を延長したもの、あるいは電気回路が中枢神経を延長したものというように、メディアの転換によってわれわれの感覚比率が変容したということである（McLuhan and Fiore 1967=2010: 26-41）。

そしてマクルーハンは、時代への判断を下すために「メディア」の役割に注目する。これは、メディアがそれだけで感覚変容の「メッセージ」を発しているということである。

マクルーハンは、メディアそれ自体のメッセージ性について注意を促している。

> 電気の光はそれに「内容」がないゆえに、コミュニケーションのメディアとして注意されることがない（McLuhan 1964=1987: 9）

マクルーハンは、メディアを「技術（technology）」（同：8）と同格に捉えていた。それは、メディアの「特性」による身体感覚の拡張、変容が重要であるということである。つまり、その「内容」については二次的でネガティブな評価が下されているのである。マクルーハンは次のように述べている。

メディアの内容がメディアの性格にたいしてわれわれを盲目にするということが、あまりにもしばしばありすぎるのだ（同：9）

マクルーハンはメディアの「内容」ではなくメディアがメッセージになると考えた。それまではメディアは「内容」をメッセージとして伝えるものとして考えられていたが、マクルーハンはメディアそれ自体がメッセージであると考えたのである。これはメディアの形式が内容を規定していくということである。

ただし、ここでいわれていることは、マクルーハンのメディア理論がいわゆる「技術決定論（technological determinism）」[3]として批判されるときに持ち出されてくるものである。

・「ホットなメディアとクールなメディア」

次に、マクルーハンの「ホットなメディアとクールなメディア（Media Hot and Cool）」について。これも『メディア論』のなかで説明されている。

ホットなメディアは「『高精細度（"high definition"）』で拡張するメディア」であり、データが十分に満たされていて、メッセージを受け取る受け手が補完する部分は少ないという。一方で、クールなメディアは「『低精細度（"low definition"）』で拡張するメディア」であり、与えられる情報量が不十分で、メッセージの受け手が補完する部分は大きいとしていた（McLuhan 1964=1987: 23）。

また受け手の参与度は、ホットなメディアは低くクールなメディアは高いということで、クールなメディアが単一の感覚ではなく全身の感覚で受容されるとされる。つまり、クールなメディアとは「全身感覚を低精細度で拡張するメディア」であり、情報の精密度が低くメッセージを受け取る受け手が補完する部分が大きいため、受け手の参加度は高いと言われる（McLuhan 同：23）。ホットなメディアの例としては、ラジオや映画、写真などが挙げられている。クールなメディアの例として、電話、話し言葉、漫画、テレビが挙げられている。

・「グローバル・ヴィレッジ」

「グローバル・ヴィレッジ」は「地球村」と訳されるが、マクルーハンによればそれは「新しい電子テクノロジーがもたらした相互依存関係が、地球全体をひとつの村に再創造させる」（McLuhan and Fiore 1967=2010: 67）ということである。

マクルーハンの生きた時代の電子テクノロジーの一つとして、テレビの衛星放送中継が地球上の人々を結びつけるメディアとして機能していたと考えられるが、その例として、１９６７年6月25日世界初衛星放送「アワ・ワールド」が挙げられるだろう。そこでは、当時ポップスターとして世界中を席巻していたビートルズが出演し、「愛こそすべて」を演奏している。また、その後のメディアの歴史において、「グローバル・ヴィレッジ」の世界が同時に結びつくという理念は、20世紀末にインターネットによって実現されるのである。[3]

では、マクルーハンのメディア論は日本の大衆文化研究においてどのように受け取られ応用されていったのか。次に60年代の日本の音楽文化について、片桐のマクルーハン受容の例から考えてみたい。

3　1960年代日本の音楽文化の事例とマクルーハン

ここでは、1969年の新宿駅西口における「東京フォーク・ゲリラ」の活動をマクルーハンを読み込んで分析した、片桐のエッセイについて見ていこう。

片桐は、マクルーハンについて何度も引用しながら彼の文化研究を構築していたが、『新譜ジャーナル』1969年10月号においてマクルーハンの理論を暗に応用して「東京フォーク・ゲリラ」について書いている。「東京フォーク・ゲリラ」は、その場に集まった人々とともにそこに新たな空間性を構築した運動であった。

新宿西口のフォーク・ゲリラはいろいろなことをわからせてくれた。
そのひとつは、おなじようなことを神戸のサンチカ・タウンでやってみて、やはり通行人の足をとめさせるには、いままでのコンサートとか、室内でうたっていたときとはちがう要素が必要だ。そして、いちど立ちどまった人を、こんどはそこへ釘づけにするにはどうしたらいいか。ながい歌がいい。1曲3分という常識は、そのむかし78回転レコードの片面のながさだった。これはレコードとかラジオとか、ホットなメディア―おしつけ的メディアに対して、われわれがガマンできる時間の単位だとおもう。

しかし街頭でうたうことはクールだ。音が散ってしまう。ほかにもいろいろな気をそらせる要素がある。そのなかで、ひとびとに参加的態度でいてもらうときは、歌はながいのがよく、メロディーはくりかえし、くりかえしきかれるのがよい。というい みでは、明治の民権運動も、やはり、えんえんと長いものだったろう。(片桐 1969b)

ここで片桐は「レコードやラジオ」は「ホットなメディア―おしつけ的なメディア」であり、街頭でのフォーク集会は「クール」であるという。

先ほど見たように、マクルーハンは「ホットなメディアとクールなメディア Media Hot and Cool」について『メディア論』のなかで説明していた(McLuhan 1964=1987: 23-34)。受け手の参与度でいうと、ホットなメディアは低くクールなメディアは高いということになるが、片桐のいう街頭のフォーク集会はオーディエンスを巻き込んだうたの空間であり、これはまさに受け手が参加することによって「空間」が構成されていると考えることができると思われる。

このように片桐は、マクルーハン理論を応用しながら日本のフォークソング運動を記述しているのである。興味深いのは、「フォーク・ゲリラ」が「街頭でうたう」ということを「メディア」として捉えて、それをオーディエンスの参加度から考えるという方法で、マクルーハンの理論をかなり正確にトレースしていることである。

ところで、マクルーハンとの『グローバル・ヴィレッジ』の共著書、ブルース・R・パワーズは次のように述べているところがある。

> マクルーハンが推測したことは、ウッドストックやヘイト・アシュベリーに居た人々がぼんやりとわかっていたことだった。それは、世界の全体が線状的な思考や視覚的で比例的な空間と、多感覚的な生活（multi-sensory life）や聴覚的な空間（acoustic space）のあいだの、広大な物質的・精神的転換のなかにある、ということだ。（McLuhan and Powers 1989=2003: ix, 訳:10）

この「ウッドストックやヘイト・アシュベリー」とは、アメリカにおける伝説の音楽フェスティバルとヒッピー・ムーブメントの聖地であり「サブカルチャー」「カウンターカルチャー」の代名詞とも表現できるだろう。そして、片桐が言及する新宿駅西口のフォークソング運動も日本における「サブカルチャー」「カウンターカルチャー」といえるものであり、これらの記述から、両者には大衆文化における理解に共通するところがあると考えられるのではないだろうか。そして、このような指摘は、メディアの文化史における視覚や聴覚との関係について考察する上でも示唆的である。

片桐の方法は、鶴見のプラグマティズム、限界芸術論と、加えてここで取り上げたマクルーハンのメディア論の受容と応用によって音楽文化を分析していった。そこでは、フォークソングというひとびとが自ら歌うというプロフェッショナルではない「非専門家」の表現をメディアの形式分析から考察していた。このようなメディアと大衆文化の分析は、現代の社会における諸問題においてもアクチュアリティのあるものとして理解されると考えられる。

4　中川五郎、表現文化との交差

ここからは、フォークソング運動と交差した関係者について見ていきたい。片桐と関わりが深いのは、中川五郎である。

ここでは、フォークシンガーの中川五郎の1960年代後半の活動を中心に、人間関係のネットワークでの交差と当時のフォークソングがどのように市民運動と関わったのかについて考察する。[5]

関西フォークのうたは東京フォーク・ゲリラたちにも歌われている。例えば『ベ平連のうた』（1969年）にはEPレコード盤が付属していて、そこで東京フォーク・ゲリラは中川・高石の「受験生ブルース」を替え歌にした「機動隊ブルース」を歌っている。[6] あるいは『ベ平連のうた』には中川詞・高石曲の「主婦のブルース」も収録されている。そして、そのように歌われる行為そのものがうたの空間を作り出し、フォークゲリラと中川や高石ら関西フォークの歌手たちを歌によって結びつけるものとして機能していたのである。

中川の経歴について見ておこう。彼は高校在学中からフォーク歌手として歌い始め、鶴見が教授を務めていた同志社大学文学部社会学科新聞学専攻に入学した。そして、フォークソング歌手としてレコードを発売し、その後、作家として活動して、ボブ・ディランや、U2、ザ・スミス、モリッシーなどの歌詞の翻訳、チャールズ・ブコウスキーやハニフ・クレイシなどの翻訳なども行う（栗谷 2018も参照）。

片桐は、「受験生ブルース」をフォークソングにおける替え歌の事例として論考で取り上げていたが、そこでも言及されていたのが中川である。人間関係としても中川との関わりは深い。中川の活動もフォークソング運動を意味づけるものであったと考えられるが、ここでは片桐と中川が協同することで、フォークソングと運動がどのように捉えられていたのかについて考察する。[7]

中川は高校生時代から片桐と交流しており、創刊当時の『かわら版』を共同（片桐・中川・小倉エージ）で編集し、あるいは「69反戦フォークと討論の集い」（1969年1月11日、社会文化会館ホール）にも片桐とともに参加している。さらに片桐は『かわら版』において、中川の「フォーク・リポートわいせつ裁判」の過程について1973年の「終り・はじまり」号として刊行するなど、中川を側面からも支援していたのである。[8]

中川のうたに対する片桐の評価は、「フォークソング運動」「訳詞の新しい波」「替歌こそ本質なのだ」などの論考の至るところで行われている。片桐は、高石に続いて中川を次のように紹介している。

もうひとりの字あまりをおそれないライター・シンガーが中川五郎で、彼はひとりでプロテ

スト・ソング研究家と称し、べ平連に投稿していた。（片桐 1969a: 47）

そして、中川のうたの実践については、以下のように評している。

するとまた、中川五郎チャンというひとがいて、いままで曲をつけるための詩といえば、すくなくとも各節の行数は同じ歌にそろえてあったり、もっとは各行の字数もそろえておいたりしたが、彼はそんなことはおかまいなしに、たとえば岩波新書の真壁氏のアンソロジーにあった北海道の薩川益明さんの「自由についての歌」に曲をつけて歌ってしまう。いままで不定形詩に曲をつけるのはクラシックの専門の作曲家ということになっていたが、この調子でバリバリと、五郎チャンは、山内清さんの詩や、自分の詩に曲をつけたり、フィル・オークスや、マルビナ・レイノルズや、トム・パクストンのプロテスト・ソングを訳して歌っている。（片桐 1969a: 83）

この「自由についての歌」は中川のソロの第1作である『終り　はじまり』に収録されているが、このように、関西フォークとフォークソング運動におけるうたの実践は、片桐によって言説としても浮かび上がってくるものであったのだ。つまり、片桐と中川は様々な機会において協同していたのである。このような活動によってフォークソング運動という空間が構築されていた。

中川の「うた」はメッセージ性の強いものが多いが、ここで関係するものがベトナム反戦運動である。中川は高校生のときに『ベ平連ニュース』にも何度か投稿をしていた。『ベ平連ニュース』や『週刊アンポ』という言説やデモの空間からもベ平連の活動は現れているのだが、それがフォーク歌手たちが日本社会の問題に向き合うときにも活用されているのである。[9]

また、先に述べたように中川のうたは東京フォーク・ゲリラたちにも歌われている。ベ平連の活動について、歌の側面が描かれている『ベ平連のうた』には歌詞と曲によって運動と音楽が結びついている。[10] つまり、書物からもうたの空間が作り出されていたということである。そして、フォークソングには東京フォーク・ゲリラと中川の表現活動がうたによって協同するものとしての働きがあったのである。このような、ミュージシャンとベ平連の関係者の交流によっても運動としての領域が形成されていたと考えることが出来る。[11]

東京フォーク・ゲリラに替え歌にされた中川の「受験生ブルース」ももともとは替え歌であるが、片桐は「替歌こそ本質なのだ」(片桐 1975=1979) においてそれをフォークソングの特徴として書いていた。[12] このように中川と片桐は、歌うことや書くことによってフォークソング運動で協同していたと考えられる。そして、このような協同する活動によってフォークソングという社会的な世界が作られていたのである。[13]

中川や片桐の表現活動の中には、この当時の「うた」をめぐる思考の共通するテーマが見て取れるのであり、それはフォークソングが運動の一つの側面でもあるプロテストの意味として現れていた。そして、「うた」は替え歌となって歌われることによって運動の広がりを形作っていたのである。

ここで、中川の人間関係のネットワークについて見ておきたい。

鶴見との関係としては、中川は高校生のころに鶴見の著作を知り、経歴において取り上げたように鶴見が勤めていた同志社大学を受験し入学した。そして、ミュージシャンとして活動をしていた大学在学中に書いた書籍（『フォークは未来をひらく』１９６９年）のカバーに鶴見が推薦文を寄せ、また、『フォーク・リポート』の編集を行っていたときに発表した小説がわいせつであると裁判になると、鶴見は証言を行った。このように、中川と鶴見は何度か接近していたのである。

また人間関係のネットワークとしては、中川は室謙二とも交流があった。中川が雑誌『ＢＲＵＴＵＳ』へ寄稿するようになるのは室との関わりからであったということである[14]。

中川は68年４月に同志社大学文学部新聞学専攻に入学する[15]。中川によると、大学に入学してから音楽活動が忙しくなり、大学にあまりとけ込めなくなってしまった。そして、学生時代には結果的には鶴見と大学で直接に接触することはなかったという（栗谷 2018 参照）。しかし、このように鶴見のいる大学を受験し入学したということは、鶴見の存在が受験・入学する大学を決める上でも中川に十分の動機づけを与えていたということである。ここからは大学がひとびとをつなぐ空間でもあったということがわかる。その後も、中川は鶴見と何度か交差するのである。

そして、中川は高石友也、岡林信康とともに１９６９年に『フォークは未来をひらく』という本を出版している。これは当時、高石、中川、岡林がそれぞれ大学に在学中に出版されたものである。この本のまえがきを書いている、村田拓のいた大阪新森小路教会はフォーク・スクールが行われていた場所であった（→第４章）。

この本の中で、中川はフォークソングのブームが「自分でうたをつくる」という良い結果を生み出したが、「自分でつくりながら自分のことばをつかわず」（中川 1969: 168）借り物の幼稚なうたを歌っていたと批判している（同：168）。

そして、自身の音楽に対する考えを次のように述べている。

どうして自分のことばを使ってつくらないのだろうか？フォークの意味を誤解したものたちには、ぬすむことさえできなかった。／原因のひとつに、最初から詞も書き、曲もつくろうという。ピュア・オリジナルのことばかり考えすぎたということがあげられるかも知れない。そんなに欲張らなくても、最初はいろいろなものからぬすんだらいいのだ。（同：169）

中川は「受験生ブルース」が、もともとは替え歌であると述べているが、これはすでに述べたように、フォークソングを特徴づけるものの一つであった。[16] ちなみに替え歌については、鶴見の『限界芸術論』の勁草書房版に収録されている「流行歌の歴史」においても取り上げられていた。また、片桐ユズルは「替歌こそ本質なのだ」（片桐 1979）においてそれをフォークの特徴として書いていたのであった。

中川は、１９６７年10月にピート・シーガーの来日コンサートに行って、そこで「腰まで泥まみれ」を聴き、大きな影響を受けたということである。

これは、泥沼状態になってどうしょうもなくなったベトナム戦争での、アメリカを痛烈に皮肉ったうただが、これをきいてぼくは絶対にうたわねばならないと、その日のうちに訳詩をつくり練習し、二週間後十月二十五日の第一回フォーク・キャンプ・コンサートで『腰まで泥まみれ』をうたった（略）（中川 1969: 182-183）

ここでベトナム戦争について言及されているが、中川は高校生のときに『べ平連ニュース』にも投稿をしていた。それは『べ平連ニュース』の１９６７年４月１日号、１９６７年６月１日号、１９６７年12月1日号、１９６８年1月1日号、１９６８年2月１日号のいずれも「読者からのたより」欄である。『べ平連ニュース』１９６８年2月1日号には、中川が作詞した「受験生のブルース」を投稿している。

受験生のブルース
ノース・カントリー・ブルースのメロディー。ことばは中川五郎
（「受験生のブルース」の歌詞。省略）
作詞者のことば！勉強ちつともしないで
この歌ばかり歌つているから
今年もきつと歌つているだろう
予備校のブルウスを？[17]

中川は社会文化会館ホールで1969年1月11日に行われた「69反戦フォークと討論の集い」にも片桐とともに参加し、その告知とコンサート評は『べ平連ニュース』に掲載された。このコンサート評を書いている三橋一夫は、若い人たちが「歌」を自分たちで作って歌っていることを次のように書いている。

今日はほんとうにありがとうございました。正直のところビックリ!ビックリ!でした。あれほど若い人たちが「歌」をうたい、つくりはじめていることに。[18]

ここからも、フォークのうたとは自作自演され歌われることが重要であるということが分かるのである。また、この集会に関わった高野光世は、フォークが流行歌というよりも反戦運動のなかで成長していくと述べている。[19]

このような活動は、社会状況とリンクするようなフォークソングの世界として顕在化していく。そしてうたは、『べ平連ニュース』や『週刊アンポ』という言説やデモの空間のなかにも現れ、それがフォークシンガーたちが表現活動に向き合うときにも活用されているのである。[20]

また、中川は1970年に『季刊フォーク・リポート』1970年11・12月号の編集を行っている。ここで、中川が山寺和正名義で執筆したフォーク小説「ふたりのラブジュース」がわいせつであるとされて裁判となる。[21] 先に述べたように、鶴見はこの裁判の過程で証言を行なっている。[22] このように鶴見と中川は、フォークソングと市民運動をめぐって交差していたのである。[23] つまり、フォークソング運動は、ネットワークのコミュニケーションや協同することによって構築されていたと考えることが出来るのである。

5　フォークソング運動とフォーク・ゲリラ、その周辺

鶴見の「限界芸術論」は、フォークソングに関する書物のなかで引用されている。では、鶴見の議論がどのように「使用」されていったのか。それを鶴見とべ平連とも関わる当時のフォークソングをめぐる言説から見ていこう。この状況において複数の人物が交差していたのである。ここでは、東京フォーク・ゲリラからその関わりとして鶴見に言及した室謙二を中心に、吉岡忍や、小田実との交差についても見ておきたい。

「うた」はべ平連の集会においても歌われていたが、[24]１９６９年の新宿駅西口広場の反戦集会において東京フォーク・ゲリラによって様々な歌が歌われていた。[25]

東京フォーク・ゲリラとは、室が述べているように、もともとは１９６９年の２月ごろから毎週土曜日の夕方に新宿駅西口広場で行われていたベトナム戦争への反戦フォーク集会であったが、それが「東京フォーク・ゲリラ」と名乗るようになる。[26]１９６９年の5月24日から7月19日までの集会で3千から5千の人々が集まったといわれている。デモでは、フォークソングが歌われていた。その始まりは、大阪のべ平連が梅田地下街で歌っていたことから東京の新宿駅西口広場でも歌われるようになる。

そして、東京フォーク・ゲリラは、デモの中でもフォーク・ギターによってうたが歌われることに特徴があったのであり、フォークソングによって空間を参加者が共有するという運動によって、都市空間における構造の矛盾を明らかにしたのである。[27] また、都市空間において多数の人々が集うデモの空間性は、例えば、アントニオ・ネグリらがいう「マルチチュード」という「多数多様性」を捉える視座としても示唆的であると思われる（→終章）。

そして、新宿駅西口は空間をめぐる問題としても議論が提起されていた。室謙二は、東京フォーク・ゲリラについて書いた本（『時代はかわる』１９６９年）の中で、新宿駅西口は「道路」なのか、それとも「広場」なのか、ということについて書いている。それは、吉岡忍によって『フォーク・ゲリラとは何者か』（１９７１年）において、次のように述べられている。つまり、新宿西口は「広場」であり、そこでは人々の活動が自由に行われるものであるということが確認されているのである。

> 広場は、こういうわたしたちフォーク・ゲリラのふだんの試みのうちに、つくりあげられていくものなのでしょう（吉岡編 1971: 12）

「うた」や「サウンド」は声や音を構成要素としている。それは、アンリ・ルフェーヴルからドン・ミッチェルの議論（終章を参照）でも述べられているように、ルフェーヴルの概念である「空間の表象」に由来しながら人々が使用することによって「表象の空間」ともなる「公共圏」としての

「空間」の問題なのである。「うた」とそこに意義を見出す参加者たちの「運動」によって、「公共圏」としての都市空間が浮かび上がり「広場」と認識されることで、新宿駅西口広場という空間の意味が変容したのである。

また、この空間がサブカルチャーとしても自律的な領域を形成していたという観点を示すために、音楽の空間に関わる「シーン」という概念を見ておきたい。

「シーン」という概念は、カナダのカルチュラル・スタディーズの研究者、ウィル・ストローがポピュラー音楽文化の分析に導入していたのだが（Straw 1991=1997）、ストローは、比較的に安定した構造である「コミュニティ」に対して、シーンを音楽の諸実践（musical practices）が共存し、その各々が相互に作用している文化空間（cultural space）であると定義している（*ibid.*: 494）。そして、バリー・シャンクスの研究成果を引きながら、「シーン」が、ある所与の地理的な空間から広がる様々な音楽の諸実践の間の関係を説明するのに有用であるとしている（*ibid.*）。[28]またストローは「シーン」の要素として、「（音楽）文化のインフラストラクチャー」として音源や雑誌の持つ役割を考えているのである。[29]

例えばフォークソング運動を複合的な運動体として捉えれば、そこに表象されるのが「うた」であったり「ミニコミ」「雑誌」「音源」、またレコードというメディアやテクノロジー、そして「うた」に含まれる「民主主義」を求める「思想」「イデオロギー」というような言説も「インフラストラクチャー」として空間に編成されるのである。そして、「うた」が新たな意味に接合される（articulate）ことによってそこで意味の転換が行われるのである。[30]またフォークソング運動の「インフラストラクチャー」の一つであったURCレコードは、「関西フォーク」という「シーン」に大きな役割を果たしていた。

ここではそのような「シーン」における複合的な運動体としてのフォークソング運動について、室が編集している『時代はかわる』のなかの言説を見ておきたい。室は、べ平連に関わってから『思想の科学』の編集代表も務め、80年代後半から渡米し98年には市民権を取得している[31]。また、ジョーン・バエズと高石友也が歌ったべ平連の集会（1967年1月25日、べ平連集会「みんなでベトナム反戦を！」ジョーン・バエズとともに、社会文化会館）においては、「非暴力反戦委員会」を代表してスピーチを行い、そこではアメリカの公民権運動やベトナム反戦運動におけるフォークソング運動が、日本においても新しい意味を持っているのではないかと話していた[32]。

この本は東京フォーク・ゲリラの活動を中心に捉えながら、彼らの活動と「新しい空間」について、そしてフォークの思想、理念について考察したものである。『時代はかわる』のなかには、鶴見の「限界芸術論」の理論的な部分にあたる「芸術の発展」が収録されていて、室の「フォークソングはひとつのスタイルか」という文章で鶴見の議論も援用されている。

室は、「フォーク（Folk）というところには、『人々、人民』のというようなことが、多分書いてあるはずだ。」とフォークと「民衆」というところを結びつける。そして、「自由民権運動の時の演歌は、あれはフォーク・ソングみたいなもので、あるのかないのか。」と問い、柳田國男から「ここで柳田国男が言っている民謡についての定義を少し広げて、そしてそれをフォーク・ソングという言葉が指すものと重ねてみたいのだ。」と書く（室編著 1969: 66–67）。

室は、「フォークソングという言葉の意味するものは、大げさに言えば、一つの芸術的立場である。民衆の民衆による民衆のための芸術をまず第一のものとする立場である。」と書いている。そして、フォークソングの「芸術的立場」というところの「芸術」について、鶴見の「限界芸術」[33]により説明している。それは、「まだ分化していないないし完成されていない、いわゆる芸術となっていない、あそび、話し歌などを重要視する立場」であるということである（室編著 1969: 67）。そして、フォークソングを「歌だけの問題にせばめて考えないで、横に広がる様々な生活の中の一部として考えるべきだ。」として「一人部屋の中でコソコソするものではなく、みんなでする作業だ。つまり運動だ。」とフォークソングと運動の結びつきを強調するのである（同）。

また『時代はかわる』では、アメリカのフォークソング誌「Sing Out!」から四つの論文が収録されている。フォークソングはアメリカからの輸入された文化であり、運動というよりは「知的な香り」を楽しむキャンパス・フォークという流れがあった（前田・平原 1993: 45）。しかしフォークソングを運動の側面から考えてみると、『時代はかわる』は東京フォーク・ゲリラに関する活動が掲載され、編集の議論に片桐や中尾ハジメが参加し、キャンパス・フォークとは異なる音楽文化が鶴見や「Sing Out!」の議論も援用されながら展開されていたのである[34]。

そして、運動体としてのフォークソング運動について、ベ平連で中心的な活動を行った小田実からフォークソングとの関わりを指摘しておきたい。ここでは、鶴見とも関わる小田とフォークソングの実践との交差について見ておく[35]。

小田とフォークソングが関係するのは、ベ平連の集会におけるスピーチでジョーン・バエズやフォークソングに言及しているところであり、また『べ平連のうた』や『ニューミュージック・マガジン』にも原稿を寄せていることとである。例えば、『ニューミュージック・マガジン』1970年3月号の特集「カム・トゥゲザー　みんな一緒に」には、「〝民衆の弁護人〟をつくり出そう」と題して小田がべ平連として寄稿している。そして小田の寄稿のページの下の段では、榊原昭宏が『べ平連ニュース』を紹介しながら、新宿西口でのフォークソング集会について書いていた。

あるいは、小田が編集していた『週刊アンポ』には巻末の扉にほぼ毎号のように歌が記載されており、運動とフォークソングに関わるインタビューも載せている。[36]『週刊アンポ』には、横尾忠則のイラストが表紙になっていたり、そのデザインは粟津潔が担当していた（→第5章）。誌面においても芸術・文化関係者が多く執筆していた。

ところで、小田にとってべ平連の運動の中で音楽の持つ意味がどういうものであったのかを見ておこう。それは、小田がべ平連について述べるなかで音楽の契機について記しているところである。そこで小田が書いているのは、べ平連はピープルの運動であるということなのだが（小田 1995: 336）、このような歌が歌われる契機については鶴見がべ平連の集会について記述した文章のなかで出てくるのである。鶴見はそこで、参加者によって「インターナショナル」の合唱が起こった様子を書いていた。小田は鶴見の文章を引用することで、べ平連の運動の中に音楽があることについて述べるのである。[37]このことは、運動における音楽の機能を小田がポジティブに捉えている事例と考えられる。

また小田も、ジョーン・バエズと高石友也が参加したべ平連の集会で、バエズと一緒に歌を歌うことと集会の意義についてスピーチを行っている。[38]ここでは、べ平連の活動とベトナム戦争の現状について述べながら、若い人への参加を呼びかけ、フォークソングを歌おうと話している。

小田は、音楽については積極的に書いているわけではない。それでも、彼の編集した『べ平連』のなかには「東京フォーク・ゲリラ」の文章を載せていたり、『フォーク・ゲリラとは何者か』を推薦し、べ平連とフォークソングに関する書物に原稿を寄せていることなどから、フォークソングが「ひとびと」の「うた」として運動のなかでの意義を見出していると考えられる。つまり、べ平連の運動の中では、フォークソングは切り離すことのできない重要な契機であったのである。このように、様々な関係者との交差においてフォークソング運動は複合的な活動が行われていたのである。

6　大衆文化の理解のために

フォーク・ゲリラを含む1960年代日本のフォークソング運動が残したものは、その後のテクノロジーや情報社会の発展した現代社会の音楽文化においてどのように読み解くことができるのか。最後に、そのことについて述べておきたい。

フォークソング以降について、ポピュラー音楽史の中から関連するトピックを、1970年代のイギリスで注目されたパンクムーブメントにおける「Do it yourself」から、1980年代は日本ではYMOを中心としたテクノ・ミュージック、そして80年代後半から1990年代のインディーズの音楽活動、2000年代になると初音ミクやDTMによる音楽制作を中心に挙げておきたい。それは、パンクのころに「素人」による音楽の表現があり、それからテクノというテクノロジーを媒介にした音楽制作が出てきて、そしてインディーズという自主制作の活動から、２０００年代に入って音楽制作がデジタル環境とともによりパーソナルなものとして作られるようになったということである。ここには、フォークソング運動のころの「非専門家」の「素人」が表現者となる、という精神が受け継がれているのではないかと考えられる。

現在のデジタル環境においては、「非専門家」が自ら表現を行うときに以前と比べてテクノロジーがアシストをしてくれることで容易になっている状況というのがあり、そのことで音楽文化は新たな段階が到来しているであろう。しかし、素人の表現を文化という契機から考え、そのメディアについて理解すれば、そこには変化しながらも続いている「ひとびと」の活動があると思われる。それが、鶴見らの分析視角から見えてくるメディアと文化の姿なのである。

ここまでは、鶴見俊輔や片桐ユズルを始めとして、フォークソング運動を複合的なネットワークやコミュニケーションから考察してきた。

これまで見てきたように、鶴見の限界芸術の議論は当時のフォークソング運動において使用された。鶴見自身も大衆音楽に関心を持っていた。これは、中川が高石、岡林とともに出版した『フォークは未来をひらく』のカバーに推薦文を寄せていることや、彼の「流行歌の歴史」、あるいは『歌は世につれ』（小泉・阿久・鶴見・多田・佐藤・山本・井上・富岡・宮川 1978）においても流行歌や岡林に言及しており、『戦後日本の大衆文化史』においてもポピュラー音楽について取り上げて分析していることからも理解できる。また、鶴見は関西のフォークソング運動に関わった片桐とも交流があり、関西のフォークソング文化は、当時の状況のなかでフォークシンガーや批評家など複数の人物が協同的なネットワークとして関与することで運動が形成されていたと考えられる。

そして、鶴見と中川は大学という空間においても近接していたのである（粟谷 2018）。大学という空間については、その知のネットワークの関わりのなかから『限界芸術論』のような当時の鶴見の思想が生成されていたともいえるだろう。[39] また、鶴見と片桐、室、中川、小田らが関わっていたべ平連や『思想の科学』というメディアと言説活動の空間もあった。このような交差のなかから、鶴見の限界芸術論は、当時のポピュラーカルチャーであったフォークソング運動の文脈で「使用」されたのである。これは、片桐や室らなど、鶴見とネットワーク的に近い位置にいた批評家、知識人によってなされたものである。そこから小田や高畠らと共にベトナム反戦運動も関係してくるのである。

彼らの活動におけるフォークソングの思想とでもいえるものは、鶴見の思想からの展開としてもこれまで考察してきたように興味深い論点を含んでいる。鶴見の思想は、フォークソング運動のなかでアクチュアルなものとして「使用」され、それは音楽文化としての空間を形成していたのである。たしかに、学生文化であったカレッジ・フォークから、関西フォークの関係者たちによって構想されていたフォークが「民衆」のものであるという理念は、その後の流れのなかで「歌謡曲」というジャンルに組み込まれていくことになる。しかし、フォークソングは、大衆芸術との関わりのなかで変化をしながら戦後日本の大衆文化の一部となり、現代においてもそのメッセージは何度も歌われ反復されることによって受け継がれているということである。このような議論は、現代のメディア文化を歴史的なパースペクティブから研究する上でも有益な論点を含んでいるのである。

そして、フォークソング運動をネットワークとして捉えることで、この運動が戦後日本の文化史の中でどのような位相にあったのかということの一つのパースペクティブを得ることができたと思われる。フォークソング運動は市民運動とも関わりながら、音楽としても歌というものの持つ意味や、素人でもギターで歌い活動することができるということなどが今日でも受け継がれていると考えることができる。あるいは、フォークソング運動を戦後日本の表現文化の一つの側面として捉えたときに、その意義が時代の中で問われた運動であったと考えられるのである。

コラム

地域の文化実践とフォークソング運動

——東谷護編著『復刻　資料「中津川労音」　1960年代における地域の文化実践の足跡を辿る』への書評

本書『復刻　資料「中津川労音」　1960年代における地域の文化実践の足跡を辿る』は、1960年代の中津川勤労者芸術協議会（中津川労芸）と中津川勤労者音楽協議会（中津川労音）における文化実践として発行されていた機関誌（「中津川労芸」「中津川労音」）を復刻したものであり、編者による解説と論考が掲載されている。この機関誌がポピュラー音楽研究において貴重な資料となるのは、一つには1960年代半ばからの関西のフォークソング・シーンをとらえるときの全日本フォークジャンボリーや関西のフォークシンガーの動きの一端を知ることが出来るからであり、これまで知られることのなかった事柄もここから分かるようになるからである。また本書の前書きにあるように、中津川労音の機関誌は戦後日本のポピュラー音楽史にとどまらず、戦後日本の地域と文化の研究にも役立つと思われる。

復刻された資料は、「中津川労芸」の1号から9号、そして「中津川労音」の15号から50号である。

「中津川労芸」の1号の表紙には、中津川勤労者芸術協議会会長の西尾彦朗による言葉が掲載されている。1号の記事は人形劇であった。この号には、すでに1963年6・7月例会としてボニー・ジャックス　リサイタルの告知と概要が掲載されている。そして、2号にも同じくボニー・ジャックス　リサイタルの概要が掲載されている。

3号では、8月例会の映画「怒りの葡萄」、4号には9・10月例会の芦野宏の記事が見られる。5号と6号は、音楽ではなく劇団と寄席であった。

以下、資料の概要を表紙から見ていく。表紙には、これから行われる例会の告知が掲載されているのがほとんどであるが、中津川労音がどのような例会を開催していたのかがここから分かる。

7号はダーク・ダックス、8号は中村八大クインテット、9号は北村維章と東京シンフォニック・タンゴ・オーケストラ、10号は民族歌舞団わらび座、11号はデューク・エイセス、12号は〝一千名会員によってすばらしい例会を〟、13号は園田憲一とディキシーキングス、14号は坂本スミ子、15号欠、16号は見砂直照と東京キューバンボーイズ、17号は音楽歌舞団カチューシャの予告、18号は音楽歌舞団カチューシャ、19号は奄美民謡　黒だんど節の楽譜、20号はアルゼンチンのギタリスト、エドワルド・ファルー、21号はABC例会の追加会費について　初のクラシックオーケストラABC交響楽団、22号はCBC合唱団管弦楽団、23号はいのちのつぼみのために（2〜3ページは、藤家虹二クインテットの告知）、24号は辻久子リサイタル、25号は田楽座、27号（26号の誤り？）はザ・シャデラックス　小林万里、27号は築地利三郎、滝沢三重子リサイタル、28号は「仲間たち」、第12回全国会議に参加しての記事、29号は第12回全国会議、30号は初めてやったサークル合同例会〝おでんを食べてギターとうたおう〟、31号は「主張　第二回労音まつりに思う　今日の弱点を明日への力に　一運営委員」、32号は山口銀次とルアナ・タヒチアンズであった。

そして、1967年9月の33号に10月の例会案内として高石友也リサイタルの告知が掲載されるのである。案内には「高石友也といっしょにうたう例会！　誰れでもうたえる　新らしいうたの例会！　みんなが一つにとけあえる例会！」というメッセージと高石のレパートリーが掲載されている。ここで、関西フォークと中津川労音がつながっていく端初が見られるのである。

34号の表紙は12・1月例会として、寺内タケシとバニーズの告知が掲載されているのだが、次のページには高石のリサイタルについての紹介がされる。35号には森山良子の例会予告が表紙になりフォーク歌手も登場するようになっている。1968年9・10月の39号には、再び、高石友也、そして岡林信康による10・11月例会が告知される。そして、1969年5・18の43号で「全日本フォークジャンボリー」が8月9日10日に開催されることが告知されるのである。「全日本フォークジャンボリー」は次の44号で表紙を飾るのだが、これは労音の8月特別例会という位置づけだった。表紙には、8・9月例会の黒沼ユリ子のバイオリンリサイタルも告知されている。45号には、フォークジャンボリーについての報告が掲載され、次の年の開催が予告されていた。同じページの下の段には「こんなクラシック例会を」という文章も載っている。そして46号には、「中津川労音・入場税訴訟」に関して「フォーク歌手高石友也法廷でうたう」という記事も見られる。47号では、五つの赤い風船(2・3月例会)、1970年3・13の47号(48号の誤り?)には加藤登紀子、次の49号には1970年フォークジャンボリーの予告、50号でもフォークジャンボリーの予告が表紙、次の「中津川ROON」No.50には赤い鳥とソルティー・シュガーが表紙で、2ページには10・11月例会のカルメン・マキ、小室等と六文銭、全日本フォーク・ジャンボリーについての報告、記録映画『だからここに来た』の告知等が掲載されている。1967年9月の33号における高石の例会でのリサイタルから、フォークソング歌手による例会が増えていくことが分かり、1960年代後半のフォークソングと労音の関係を見ることが出来ることは興味深い資料であるだろう。
　本書では資料の復刻の後、編著者の東谷護による「中津川労芸」と「中津川労音」の文献解説と全日本フォークジャンボリーに関する論考が収録されている。論考では、フォークジャンボリーの主催、企画制作リーダーの笠木透を始めとする関係者のインタビューや資料などにより、この野外フェスティバルについての考察が行なわれている。

　ここからは、筆者が本資料において注目する全日本フォークジャンボリーがフォークソング運動にどのように関わるのかについて述べておきたい。
　戦後日本の文化と社会において、大衆文化・表現文化とも交差する１９６０年代後半から70年代前半の関西を中心に展開されたフォークソング運動について述べておけば、それは音楽（フォークソング）を中心とするものではあったが、言説によって意味づけされ市民運動とも交差する動きであった。その動向を跡付けていたのが、キー・パーソンの一人であった片桐ユズルである。片桐によると、関西フォークソング運動は１９６７年の「フォーク・キャンプ」によって旗揚げされ、71年2月の雑誌『フォーク・リポート』がわいせつ容疑で押収、8月の全日本フォークジャンボリーを最後として、「大衆的規模ではあらわれなくなった」と述べられている。[1]
　そして、フォークソングという「うた」による空間において、１９６９〜７１年に岐阜県中津川近くで行われた野外の音楽イベントである全日本フォークジャンボリー[2]は、本書の論考で書かれているように地元の青年たちと主催者、笠木透らによって作られた空間であった。フォークジャンボリーは編著者の東谷護によって「フォークソングを多くの人に知らせるきっかけとなった」（東谷 1995: 27）といわれているように、フォークというものを象徴するイベントであった。フォークジャンボリーは、結局のところ69年から71年の3回と長くは続かなかったが、音源の他、映像としても1970年の第2回の模様が見られる『だからここへ来た』[3]があり、フォークソング運動や現在のフェスを考える上で重要なイベントであることが分かる。

ちなみに、第一回のフォークジャンボリーは『うたうたうた フォーク・リポート』1969年7・8月号に告知広告が掲載されていた。『フォーク・リポート』の1969年には東京フォーク・ゲリラやハンパクの動きなども掲載されて、これらの状況からフォークソング運動というものが認識されていたのである。

この点で、フォークジャンボリーは、片桐が述べているような、ある部分大衆的な動きの一つとして認識されるだろう。また、東谷の論考にもあるように、回を重ねるうちに参加アーティストの変化から「スターが、岡林信康から吉田拓郎に変わった」「政治の季節の終焉の象徴」とも捉えられる。[4]

今回本書の中で復刻された資料は、高石友也が例会に登場してからどのようなフォークソング歌手たちが例会に呼ばれたのかということや、全日本フォークジャンボリーが開催されることについての告知やイベントに関する記事が見られ、フォークジャンボリーの動向と中津川労音の方向性などを知る手がかりとなるだろう。

機関誌のような資料は関係者に配布されることがほとんどなので、フォークジャンボリーのようなイベントを地域の労音が主催したことは分かっていても、それがどういう経緯によるものなのかの一端がこの資料により知ることが出来るのであり、それは研究においても意義があると思われる。本書は、解説や論考と合わせて、戦後日本の文化史におけるフォークソングというポピュラー音楽文化を知る資料として価値のあるものとなるだろ

ポニーキャニオン)。
[4] 東谷、本書324頁。

う。

初出:『ポピュラー音楽研究』第25号、日本ポピュラー音楽学会、2021年

注

[1] 片桐(1982: 25)。また別のところでは、1969年10月に第一の波が終わったと述べている(片桐 1975: 38)。そして、次の波として片桐が挙げているのが「フォーク・リポートわいせつ裁判」である。この状況を含む中川五郎のライフヒストリーについての考察は粟谷(2018)。
[2] 全日本フォークジャンボリーについては、鈴木(1987)、あるいは東谷(1995)、本書を参照。
[3] この記録映画は、2010年にDVDとして発売されている(『だからここに来た!』

第6章　表現文化の展開——大阪万博、音楽文化と時代状況

本章では、1970年大阪における日本万国博覧会（大阪万博）をめぐる表現文化の問題を取り上げる。ここでは音楽表現を中心に、いくつかのパビリオンからその芸術展示の制作やプランニングに関わった芸術家の活動とともに、万博というイベントについて考えていきたい。

大阪万博において、芸術家が多く参加していたことは知られている。ここではパビリオンにおける空間展示と表象に関わる音楽表現を、1960年代後半からの時代状況と表現者たちとの関わりも視野に入れて考察していく。本章では、特に音楽表現を中心としたパビリオンとその関係者について取り上げる。続いて、万博におけるテーマ館プロデューサーとなる美術家の岡本太郎、基本構想に関わったグラフィックデザイナーの粟津潔から時代・社会状況との交差を考察する。時代・社会状況との交差は、これまで考察してきたフォークソング運動とも関わるものである。

ここで音楽表現を中心に取り上げることで、聴覚芸術としての音楽が表象するものが考察される。これは、視覚が優位の現代における視覚以外の感覚による芸術表現の可能性について考える契機となるものである。このような表現は、万国博のような国際的なイベントにおいていかなる意義を示すも

のであるのか、またこのような空間展示がどのような社会環境の中で存在していたのか、それがどのように考えられるのか。本章の議論はこれらの問いに手がかりを与えるものであろうと思われる。そこで一つのテーマとしてあるのが、パビリオンにおける芸術展示で表象される「日本的なもの」とその議論についてである。

大阪万博では、多くの芸術家、文化人、建築家たちによって大阪千里丘陵の空間を舞台として文化芸術表現が展開された。そして、同時に万博に反対する反博の運動も行われていた。それは、フォークソング運動とも交差しながら、反博の集会、雑誌や書籍という領域においても議論が戦わされていたのである。万博をめぐる状況は、芸術と表現が文化において交差する事例となっていた。同時に、博覧会というイベントとして、万博はその後の戦後日本における観光の問題とつながるものでもあり、観光（社会）学におけるテーマの一つであるといえる。[1]

1　日本の現代音楽とミュージック・コンクレート、電子音楽、大阪万博における音楽

大阪万博における音楽表現は、戦後日本の電子音楽とも関係する。電子音楽の始まりは、1954年に作曲家、評論家の諸井誠が雑誌に紹介したことに始まると言われている（諸井 1965: 254）。[2]諸井は、武満徹と彼が関係する吉田秀和を所長とする「二十世紀音楽研究所」を、日本における十二音音楽の紹介者である、入野義朗、柴田南雄、黛敏郎らとともに1957年に結成している（メンバーは、吉田秀和（所長）、入野義朗、柴田南雄、黛敏郎、森正、岩淵龍太郎、諸井誠）。[3]この十二音音楽が、無調

音楽とも言われる現代音楽を特徴づけるものであった。これが、電子音楽というテクノロジーを媒介とした音楽とも関係していたのである。

そして、本章との関連では、武満徹が参加していた「実験工房」が万博につながる創作活動の前史として挙げられる。[4]「実験工房」は瀧口修造を中心として結成されたインターメディア的で総合芸術的なグループであった。[5]参加者は、瀧口、武満の他に音楽では、湯浅譲二、造形芸術では、山口勝弘、評論家の秋山邦晴などがいた。

「実験工房」では、ミュージック・コンクレートや電子音楽による作品製作が行われていた。これらは、「テープ音楽」とも称されるように、演奏されるというよりはテープに録音することによって作られる作品であった。

ミュージック・コンクレート[6]とは、「具体音楽」とも訳され、フランスの放送技師ピエール・シェフェールによって始められた、録音された音の素材によって音楽を作ることであり、「従来の音楽のような演奏家という仲介者を必然的に排除するということ」（酒井 1998: 97）である。そして電子音楽については、酒井諄によって次のように言われている。

実戦上の手続きに於いてミュージック・コンクレートと全く相異するものであり、その前史が、ミュージック・コンクレートに比べて、従来の音楽の謂わば音組織的なアンティテーゼとして起ってきた十二音音楽からさらに発展的に展開されてきたものとしてそれらと一層緊密な接合関係にあること、（言い換えれば断絶の程度の少ないこと）、併し乍ら又、幾多の点でミュー

ジック・コンクレートと併せ考え得るしまた考えられるべきものであること（以下略）（同：98）

本章ではこの酒井の指摘のように、ミュージック・コンクレートと電子音楽が重なり合いながら併せて実践されていたということを、とりあえずは認識しておきたい[7]。

そして、日本における「電子音楽」については、柴田南雄や諸井誠などの記述がある。柴田によると、1954年の春頃にNHKにおいて諸井誠が参加することで電子音楽の実験が行われていた。そして、1955年の秋にNHKは電子音楽のスタジオを開設する。最初の電子音楽の作品は、その後大阪万博にも関係した黛敏郎[8]の三つの楽章であった（柴田 1974=2015: 498）[9]。NHKのスタジオでは、湯浅譲二の電気通信館で流されたテープ音楽作品である「ヴォイセス・カミング」なども録音されている。

ここで注目しておきたいのは、まず第一に「ミュージック・コンクレート」や「電子音楽」が演奏家を必要とせず、録音というテクノロジーによって製作される音楽作品であるということである。そして、日本における「電子音楽」の制作にはNHKのスタジオと音響の実験が制作に関わっていたということが指摘出来る。この音楽実践は、必ずしも演奏家によるパフォーマンスがなくても、音楽をテープによって演奏することが出来るということである。このような「電子音楽」が万博におけるパビリオン内部でテープを使って流されるということは、パビリオンが作り出す空間と展示における表現の領域が拡げられていったということを意味する。

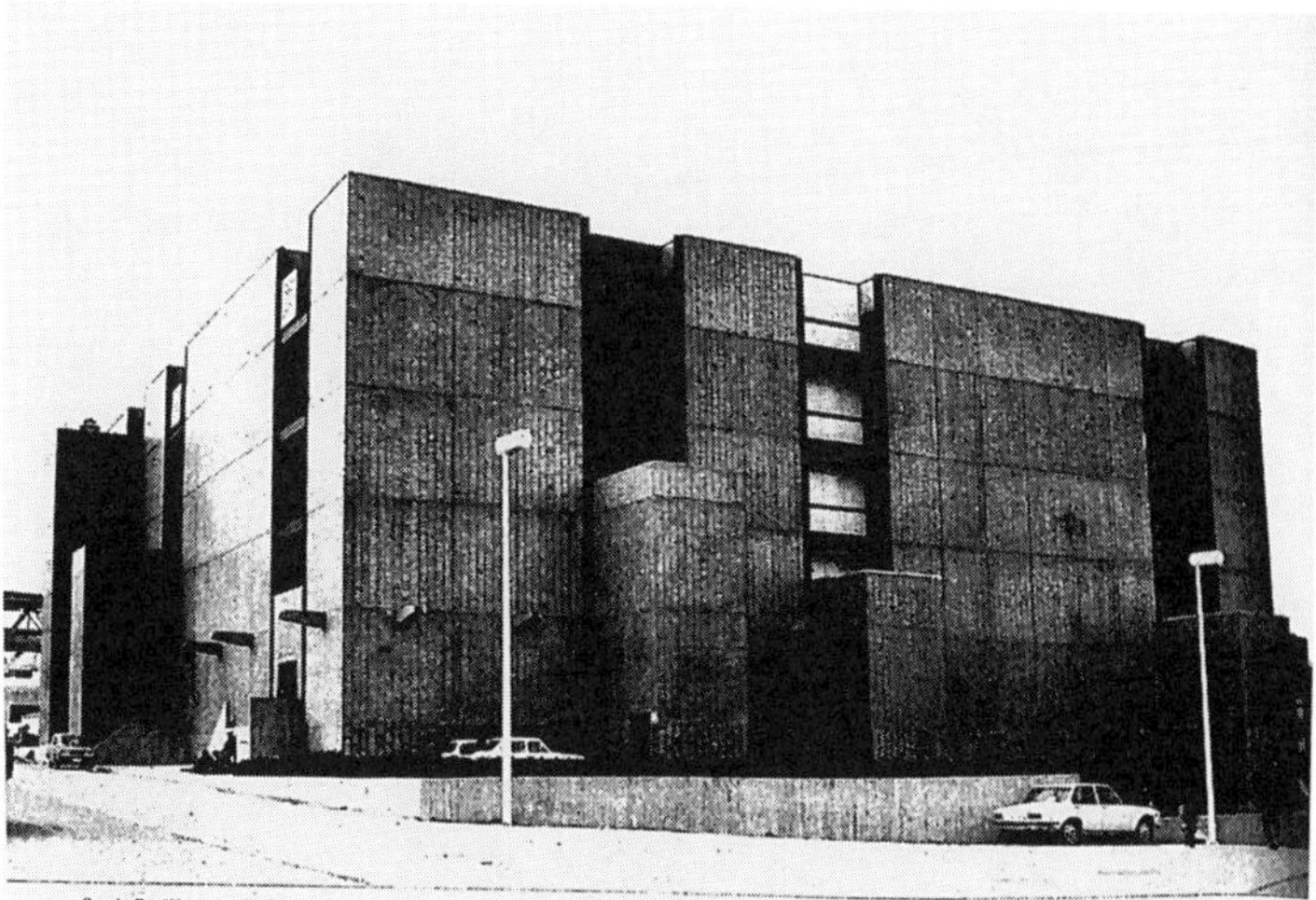

Steel Pavilion　Architect: Maekawa Kunio Architect & Associates; Construction: Ohbayashi-Gumi Co., Ltd., Shimizu-Construction Co., Ltd., Taishei-Kenshetsu Co., Ltd.. Takenaka Komuten Co., Ltd. Kajima Construction Co., Ltd.

図6-1　鉄鋼館（『商店建築』1970年３月号増刊、170ページの写真より）

以下では、大阪万博の音楽表現について見ていきたい[10]。その中でも企業パビリオンである「鉄鋼館」と「せんい館」を例に、空間における芸術展示の諸問題を音楽表象との関係から取り上げる。「鉄鋼館」と「せんい館」は、大阪万博と芸術（特に前衛芸術）を語るときに言及されることが多いパビリオンであるということもあるが[10]、むしろ音楽やアートを中心とした表現文化を展示することに関わる特徴的な表現が見られるためである。すなわち、「鉄鋼館」では武満徹を中心としながら音楽空間の構築が行われており、「せんい館」では横尾忠則と湯浅譲二による環境芸術が展開されていたのである。そして、大阪万博においては、鉄鋼館では、武満徹、高橋悠治、クセナキス、日本の伝統音楽の演奏、「今日の音楽　MUSIC TODAY」というイベントも催された。せんい館（や電気通信館）では湯浅譲二が作品を提供している。

これから、武満徹、湯浅譲二の作品と、それらが流され上演されたパビリオンの空間のプランニングにおける宇佐美圭司、横尾忠則、松本俊夫らの言説について見ていきたい。

2　鉄鋼館とスペース・シアター

大阪万博については、音楽に関する展示に至る構想がいくつかあった。その一つが、「大原立体音楽堂」[12]である。それは「電子音楽」や「テープ音楽」を中心とした演奏を展示することが前提とされていた（暮沢・江藤 2014: 120-122）。これは構想で終わったものであったが、鉄鋼館は、この構想に関わった建築家、前川國男が日本鉄鋼連盟から依頼を受けて設計したものであり、これは前川や武満徹らの構想によって音楽を演奏、あるいは展示するホールとして実現したのである。[13]

・鉄鋼館

鉄鋼館は、日本鉄鋼連盟のパビリオンであり「鉄の歌」がテーマとなっていた。基本方針には「鉄の未来」が掲げられていた（丸之内リサーチセンター編 1968: 464）。鉄鋼館は他のパビリオンとは異なり、万博終了後に大阪府に寄贈される公共施設として設計された。そして、鉄鋼館の出展構想には安部公房、柴田南雄らの名前が見られ、設計のプランニングには武満や画家の宇佐美圭司らが関わっていた。万博における芸術表現のひとつとして音楽がクローズアップされた空間であった。

では、「鉄鋼館」には何が表象されていたのか。日本鉄鋼連盟はどのように考えていたのかについて、日本鉄鋼連盟万国博参加準備委員会委員長の外島健吉（神戸製鋼所社長）は、武満らと行った座談会で「鉄鋼館」としての参加の意義を語っている。

（前略）鉄というものを身近かなものだという気持をだしてもらうような鉄鋼パビリオンをつくっていただきたいということでスタートしたわけなんです。（外島ほか 1968: 15）

これが「鉄鋼館」というパビリオンの企業広報上の意義であろう。実際は、以下に見ていくように、鉄鋼館のスペース・シアターでは音楽ホールとしての様々な催しが見られたのであった。例えば、テープに録音した音楽が流されるのみではなく、日本の伝統音楽や「今日の音楽 MUSIC TODAY」と題されたイベントが、8月21日から24日の間に開かれていたのである。

・鉄鋼館のプランとスペース・シアター

「スペース・シアター」と呼ばれた実験的な円形劇場は、音楽プロデューサーを武満が、光の演出を宇佐美が担当した。会場では武満の「クロッシング」[14]、クセナキス「ヒビキ・ハナ・マ」、高橋悠治「エゲン」、テープ・モンタージュの「YEARS OF EAR<What is music?>」が流された（宇佐見 1970: 12）。会期中には、「今日の音楽 MUSIC TODAY」において武満の「四季」が初演された。[15]この「四季」で用いられた楽器はフランソワ・バシェとベルナール・バシェの制作によるものであった。[16]武満は「スペース・シアター」という空間をそれまでのコンサートホールとは異なる「重層している」「可動な状態」として構想していた（武満 1975=2000）。それは、武満が１９５０年代から「実験工房」でのミュージック・コンクレートやテープ音楽、あるいは映画音楽などによる録音作品によって培ってきたものであろう。

武満は、「スペース・シアターに関する基本理念」において、前川からの依頼を長らく拒んでいたと述べている。というのも、武満は芸術家として「国家体制によってコントロールされる行事に妄りに協力すべきではないという考えをもっていた」からであった。たしかに武満の活動はそのように収斂されるようなものではなかった。[17]それが、鉄鋼館が万博終了後にも公共の施設として残るというものであるということ、そして武満の考える「基本理念」による「音楽の授受の関係を根本的に革める新しい場になるという確信をもったから」参加することになったということである（以上、武満 1975=2000: 331）。

武満は、前掲論考において、「新しい音楽（具体音楽、電子音楽）のアイデアは、器楽的に演奏される音楽（live music）に多くの影響をもたらした。従来の楽器のスタンダードな配置からは自由な音楽の設定がなされ、情報の供給は多元になった。」（同）と述べる。そして、「固定された客席の空間は、Realize（現実化）された多元な音響空間をEarlizeする自由─運動性─を持ちえない。」（同）との観点から、「磁気テープの発明とスピーカー・システムの開発により、音像の空間的移動、また、前記のように、複数の異質の音像、質的の時間構造を同時に演奏することは容易である。」（同）と、テープ音楽というテクノロジーの利用による自由な音楽空間の構想とともに、「固定された客席という観念を、コンサート・ホールの構造から」なくすことを構想したのである（以上、武満 1975=2000:

328-330)。

宇佐美も鉄鋼館について「万国博・発想から完成まで　鉄鋼館」の中で詳細にレポートを行っている。それによると、「前川氏の基本設計に、音響、舞台、光学等の諸設計を組み込みながら討論が重ねられ、細部が決定されていった。」(宇佐見 1970: 15) ということである。しかし結果として、鉄鋼館に関しては、宇佐美、武満の思い通りにはいかなかった。

> 武満氏にとって、そして私にとってもいちばん残念な妥協点は、客席という固定観念を打ちやぶるような、よりフレキシブルなシート構造と、実際にそれが相互にエレベイションのズレをおこす設計にできなかったことであろう。(同: 15)

宇佐美によると前川が鉄鋼連盟の窓口として対応していたということだが、武満、宇佐美とは「予算並びに前川氏の基本設計と矛盾した」(同: 15) ということである。

スペース・シアターとはどういう建物であったのかについて、確認しておきたい。[18] 鉄鋼館は、フランスの彫刻家、フランソワ・バシェの楽器彫刻、ペンシュラムが展示されているホワイエを通ってからホールに続く廊下に入る。[19] ホールのスピーカー・システムは「ホールの空間を四つのブロックに分け(東・西・南・北) 各ブロックが　同じ音響空間となるように同数・同位置に　スピーカー群を各ブロックに配置」している。音源と制御システムは、「音源として　6　12　24の入力チャンネルが必要なので　6チャンネル・テープレコーダー4台が整備されて」いた。音響調整は、1子制御卓、

2親制御卓、3生演奏用制御卓、4司令卓によって制御されていた。

ここまで、実際には設計において建築家の間のズレや矛盾により、武満、宇佐美らの芸術家たちの理念というのは十分には実現されなかったということがプランの経過の中から見えてきた。それでも、武満の「クロッシング」という作品は、ウィトゲンシュタインの『論理哲学論考』の一節がテクストとして用いられ、武田明倫が述べているように、

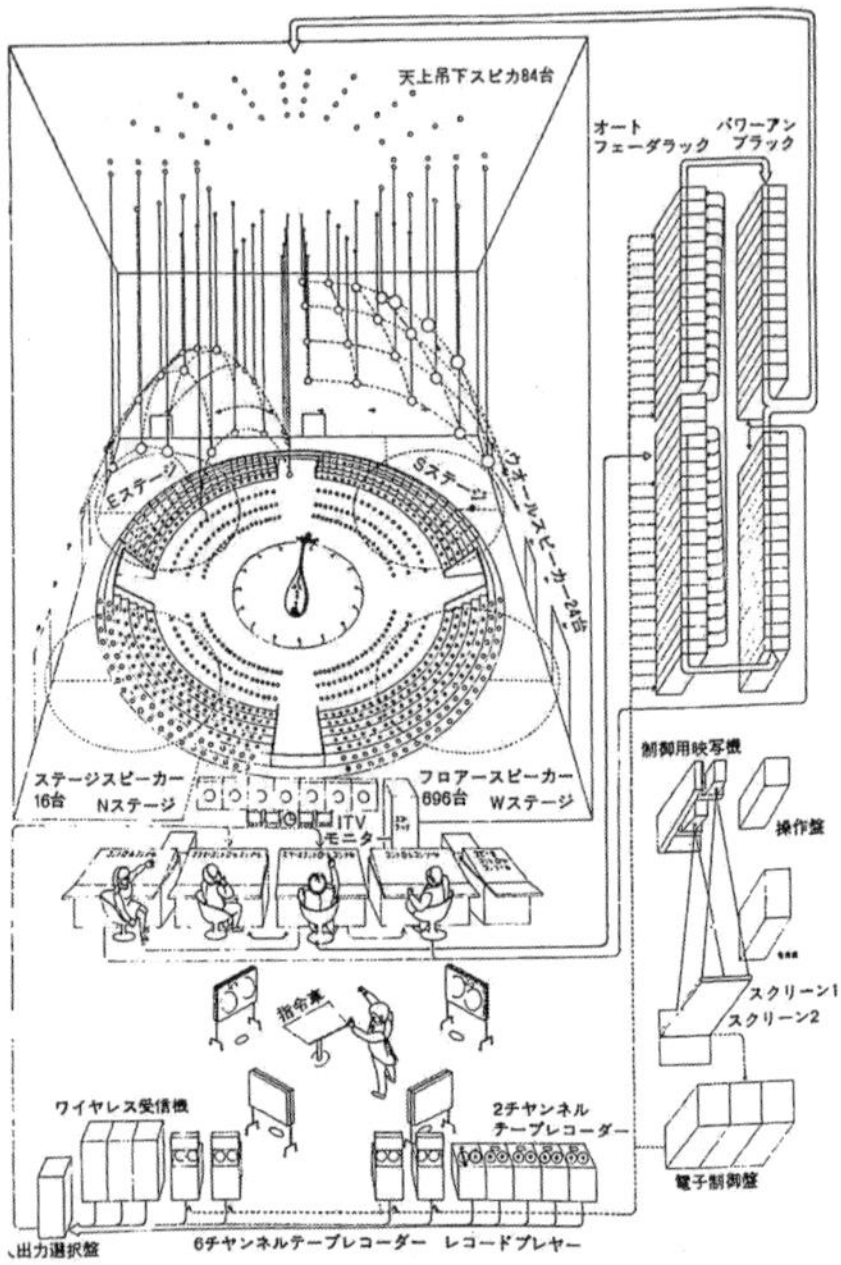

図6-2　スペース・シアターのデザイン図（『商店建築』1970年3月号増刊、170ページの図より）

> 作曲者は2群のオーケストラを分離し、その中央に独奏楽器群と女声を置くことによって、個々の音の分布、個々の音が群をなしてゆくさま、また、音群と音群の間の多様な運動が明らかになるように意図している。（略）我々は「音」の内部の多様な時間構造を、全身で「聴く」ことが出来る。それはまた我々が自身の感覚を「開かれた」状態にしておく、ということにほかならない。（小学館出版局武満徹全集編集室編 2002: 71 に再録）[20]

このように、音楽の表現を空間とともに構築しようとする試みであったと捉えることができるだろう。

・音楽表現と展示

では、このような鉄鋼館における空間の展示の問題は、どのように考えることができるのか。

科学史研究の吉田光邦は万博について、技術との関係の中で考察している（吉田 1985）。大阪万博の記述は少ないが、大阪万博が展示において伝統と前衛を提示していて、特に企業は前衛が好みであるという指摘を鉄鋼館などを例に行っている。また、吉田は万博の展示での映像と音響についても言及しており、ここからは大阪万博の企業パビリオンにおけるテクノロジー表象の特徴の一つとして、映像と音響が重要であるということが確認出来る。このような指摘は、鉄鋼館という空間における音響設備を展示することとの意義を考える上でも有用であろう。１９６７年のモントリオール万博においては芸術展示がなされていて、大阪万博関係者も視察に訪れていたが、国際技術協力協会編『万博70出展のために』（１９６８年）によると、その芸術展示でもカナダのメディア学者、マーシャル・マクルーハンの理論が応用されながらテクノロジーと芸術文化が結びついた万博のひとつの雛形のようなものが提示されていた。

また、万博において音楽を展示するという考えは、すでに１８６７年の第２回パリ万博において見られるものである（井上 2009）。鉄鋼館に曲を提供したクセナキスは、それまでの万博において設計と音楽を担当しており（加藤 2009）、それは、その後の大阪万博における、武満、宇佐美らによる鉄鋼館のプランとして芸術展示の中でも音楽を展示するという考えに広く含まれるものであろう。空間の中での展示を広報として音楽表現を捉えてみれば、前川（建築）、武満（音楽）、宇佐美（レーザー光線）らの三者の考えと現実の中で、それは理念を十分に実現したものではなかったにせよ、「テープ音楽」という戦後現代音楽におけるテクノロジー使用と関わる表現と技術が拮抗した空間が構築されていたのである。

・展示における「表象」

それでは、このような音楽や映像の展示からは何が表象されていたのか。まずは「表象」のメディア理論によって展開されてきた議論から考察する。ここでは、「表象」の問題に関して「表象」が「意味」を作り出す問題について取り上げる。

スチュアート・ホールは「表象」の理論について、そこに「反映的アプローチ」「意図的アプローチ」「構築主義的アプローチ」の三つを挙げている。「反映的アプローチ」は、意味は鏡に反映するように物事を映し出すという考え方であり、「意図的アプローチ」は、意味は話者や作者が保持している。「構築主義的アプローチ」は、事物はそれだけで意味するのではなく、私たちが表象のシステムによってそれを構築しているというものである（Hall 1997: 24-26）。ホールは、表象の「構築主義的アプローチ」を取り上げて、「表象」の「構築主義」についてはフェルディナン・ド・ソシュールとロラン・バルト以降の記号学とミシェル・フーコーの言説実践の二つのバージョンがあると述べている（同：62）。「表象」の「構築主義的」なアプローチからは、「表象」は「反映」されるのではなく「構築」されていくのである。

また、記号が「意味」へと「構築」される時に、様々な要素が言説として決定されるプロセス（この場合は「日本的なもの」の表象の構築）が記述される。

以上のような予備的な考察から、以下では万博における展示が「表象」したものについて見てみたい。

・「日本的なもの」の問題

音楽批評家の遠山一行は、戦後日本の音楽を概観する中で、前衛たちの作品やそのパフォーマンスのあり方などからレコード音楽、聴衆との関係、作曲家たちが日本的なものを作品の中に織り込んでいることなどについて指摘を行っている。遠山は、日本の現代音楽の作曲家がタイトルに日本を想像させるようなモチーフを使用していることを指摘していた（遠山 1986）。そして、武満の音楽表現も「ノヴェンバー・ステップス」のように邦楽器を取り入れたものであった。武満は「ノヴェンバー・ステップス」以降、コスモポリタンな音楽制作という方向に向かったと言われるが、[21] 1979年には雅楽の作曲も行っている。それ以降は、「伝統楽器を使った作品はほとんど描かなくなった」（ハード 2000: 92）と言われるが、「日本的なもの」が音楽活動において表象されなくなったというわけではない。[22]

また、音楽学者の伊藤制子は、武満における「日本的なるもの」についての仮説を提出している。

それによると、武満が１９５０年代に受容した、ドビュッシーとメシアンの作曲や音楽の中に「非＝西洋的なもの」を感じ取り、それが武満の「日本的なるもの」を認識する契機となったというのである（伊藤 2000: 42）。それは、「メシアン、ドビュッシーを評価する武満にとっての日本とは、別に日本的な素材に固執することではなく、日本を見据えつつも、そこから自在になるような可能性を見出すことだったのである。」（同 : 42）という。

このような考え方から、万博開催中に流された「YEARS OF EAR<What is music?>」について考えていきたい。[23] この「YEARS OF EAR<What is music?>」は、現在でもテープが発見されておらず船山隆の記述から推測できるのみではあるが、武満、谷川俊太郎、大岡信、武田明倫、船山隆の共同作品として万博の期間中に1日2回会場で流され、

ジョン・ケージやマリス・コンスタンやヴィンコ・グロボーカルなどの世界の二十四人の作曲家、一柳慧、石井眞木、林光、黛敏郎、村松禎三などの日本の作曲家に、「音楽とは何か」という問いを発し、その回答の言葉を世界各国語でテープの各所に散りばめ、さらにマックス・ピカートの「音楽は夢みながら響きはじめる沈黙なのだ」といった哲学者たちの言葉も挿入し、その合間に、小泉文夫の提供するエスキモーの喉笛、ポリネシアの掛け声、シリアのバラード、ナイのソロなどの民族音楽の断片が次々に出現する。（船山 1998: 132）

そして、

「沈黙」を意味する言葉が、日本語、英語、フランス語、ドイツ語、イタリア語、ロシア語、トルコ語、インド語、イスラエル語、コンゴ・ボガン語で静かに語られ、それぞれの国の音楽の断片が出現すると同時に、音楽の最も原初の風景ともいうべきエスキモーの喉笛が始まり、さらに各国の民族音楽が続いていく。（同：135）

というものであったということである。

ここで表象されていることは、言葉として語られた国のアイデンティティが並列に並べられながら提示されているということであり、そして、この作品の中に日本語が使われることで、日本語を理解する者には意味のある作品として表象され、そうでない者にとっては並列に拡散した母国語を多言語の中で重層的に聞き取ることで理解できるものとして現れているということである。[24] また、民族音楽から取られた音の断片が現代音楽のテープ音楽という作品の中に「拡散と収斂を繰り返しながら」（船山 1998: 135）組み込まれることで、エスニックなものに対する「エキゾチシズム」のみではないまなざしも見えてくるのではないかと考えられる。[25] ここでは、「日本的なもの」とは西洋に対する「日本」というオリエンタルな響きのあるものという表象には留まらないということである。

図 6-3　せんい館外観全景（日本繊維館協力会編『せんい館　繊維は人間生活を豊かにする』より）

3　せんい館　環境芸術と音楽の展示

・せんい館

ここからは、せんい館における空間表現について見ていく。せんい館は横尾忠則が設計に関わり、映像には松本俊夫が作品を提供している。せんい館の展示は、「環境芸術」として四つの展示が行われており湯浅譲二が音楽制作を行っている。

1　マルチ・スペース　プロジェクション〝アコ〟
2　展示回廊（セクションA、B、C、D）
3　ロビー人形と空間ディスプレイ
4　ショウ・エリア　プラザ〝U〟

そして、せんい館のスタッフは、コーディネーターには、倉敷敏治（協和広告株式会社）、プロデューサーに工藤充（藤プロダクション）、総合ディレクターが松本俊夫、映像ディレクターに鈴木達夫、音響ディレクターに秋山邦晴、作曲が湯浅譲二、照明ディレクターは今井直次、造形ディレクターに横尾忠則、展示ディレクターに植松国臣、吉村益信、音響技師の塩谷宏、ドームのスライド映像担当が遠藤正、そして四谷シモンが参加した[26]。

それでは、せんい館のプランとその後の経過はどうであったのか。

１９６７年８月26日、「せんい館」第１回企画・制作プラン説明会が広告代理店など６社に対して行われた。その時には、A案からE案までの５種類のプランがあった。１９６７年10月21日、「せんい館」第２回企画・制作プラン説明会が行われ、対象が２社に絞られる。最終的に受注した協和広告（株）が提出した企画案は、「エアバック　リビング」と呼ばれるものであった。そして、１９６７年11月６日にせんい館の企画と制作は協和広告（株）に委託されることが決定する。それから協和広告（株）とせんい館常任理事会により企画案の立案、制作スタッフが編成される。第一次「せんい館」企画案がまとめられるが、再検討と修正が行われた第２次「せんい館」企画案が、１９６８年９月に立案された。それから再度、検討や修正が加えられた「せんい館」企画決定案が完成する[27]。

横尾忠則は、「ぼくは万博の仕事を引き受けたものの、どこか常に後ろめたいものを感じていた。」（横尾 2015: 192-193）という。横尾の「反万博」を標榜したアイデアは、「『せんい館』は死を象徴して、なんと不気味で美しいことだろう」（同：193）ということであった。そして横尾は当時、日本繊維産業連盟会長であった谷口豊三郎に直談判に行った。

谷口は、「あなたのおっしゃる芸術論は私には難しくてよくわかりませんが、あなたのこの仕事に対する情熱は十分伝わりました。どうかあなたのおやりになりたいようにして下さるのが協会としても望むところです。」（同：193）と述べたという。

総合ディレクターの松本俊夫には、せんい館について書いているエッセイがある（松本 1970=1972: 186-194）。エッセイによると松本は、協和広告から1967年12月に依頼を受けたという。そして、せんい館を「実験のチャンス」と捉え、それは「映像を主体としながらも、他のメディアと渾然一体となったインターメディア・プロジェクトをいつかはしてみたいという衝動」としてあったものだった。松本はこのプロセスにおいて「集団創作の原則」によりパビリオンの制作を行っていったということである。そして、せんい館という「容器じたいがすでに作品内容の一部であり、映像、彫像、照明、音響が分かちがたく構造的に一体化されている」ということを示したインターメディア的な展示、『スペース・プロジェクション・アコ』という作品が作られたのである（松本 同）。湯浅譲二は、この作品と同時演奏するための6チャンネルのテープ音楽「スペース・プロジェクションのための音楽」（1969年）を制作した。[28]

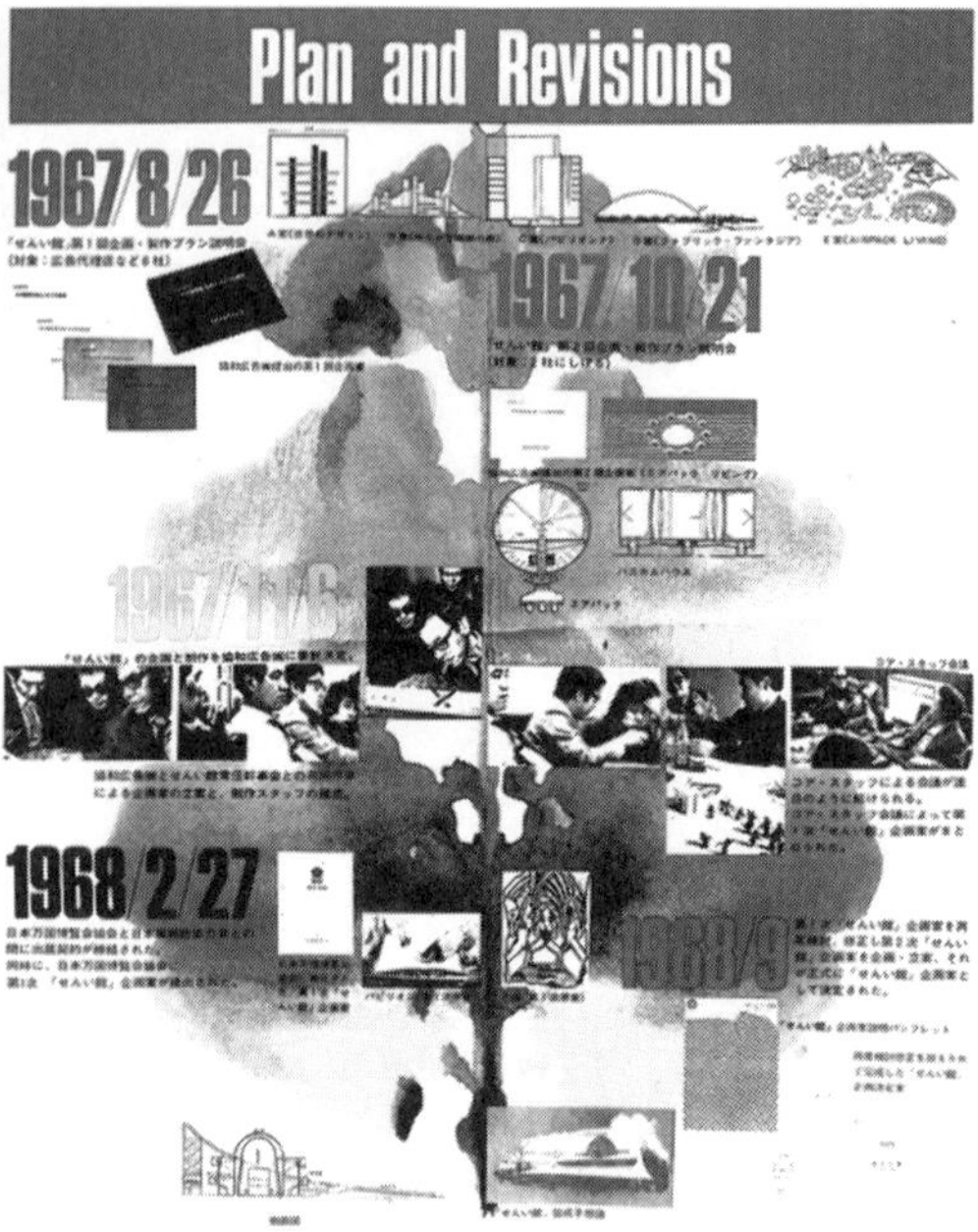

図6-4　せんい館のプランとリビジョンズ（改訂）（日本繊維館協力会編『せんい館』70ページより）

ちなみに湯浅は松本の製作した映画『薔薇の葬列』（1969年）の音楽も担当している。このような経過からもこれまで言及した横尾を始めとする万博への関わりと、せんい館における実験の試みという意図が見られるのである。

ところで、パビリオンでは展示することによって、その館のコンセプトやメッセージが表象される。それでは、せんい館では何が広報されていたのか。その広報のテーマは、「繊維は人間生活を豊かにする」というものである。

> 建築・映像・展示にいたるまで、すべてを環境芸術とした一貫構成になっています。1970年代の時代感覚、新しい衣環境の世界を、新鮮・強烈に展開し、しかも繊維のもつソフトな感触、時代的共感があとあとまで印象に残ることでしょう。（日本繊維館協力会編 1970b: ページ番号なし）

このように、せんい館は、横尾、松本、湯浅ら前衛芸術家たちによるメッセージと企業パビリオンの広報が収斂しながら浮かび上がるように仕掛けられた、インターメディア的な空間として誕生したのである。

・せんい館の音楽と環境空間

湯浅は、せんい館における環境音楽も制作している。それは音源として残されていて、『日本の電

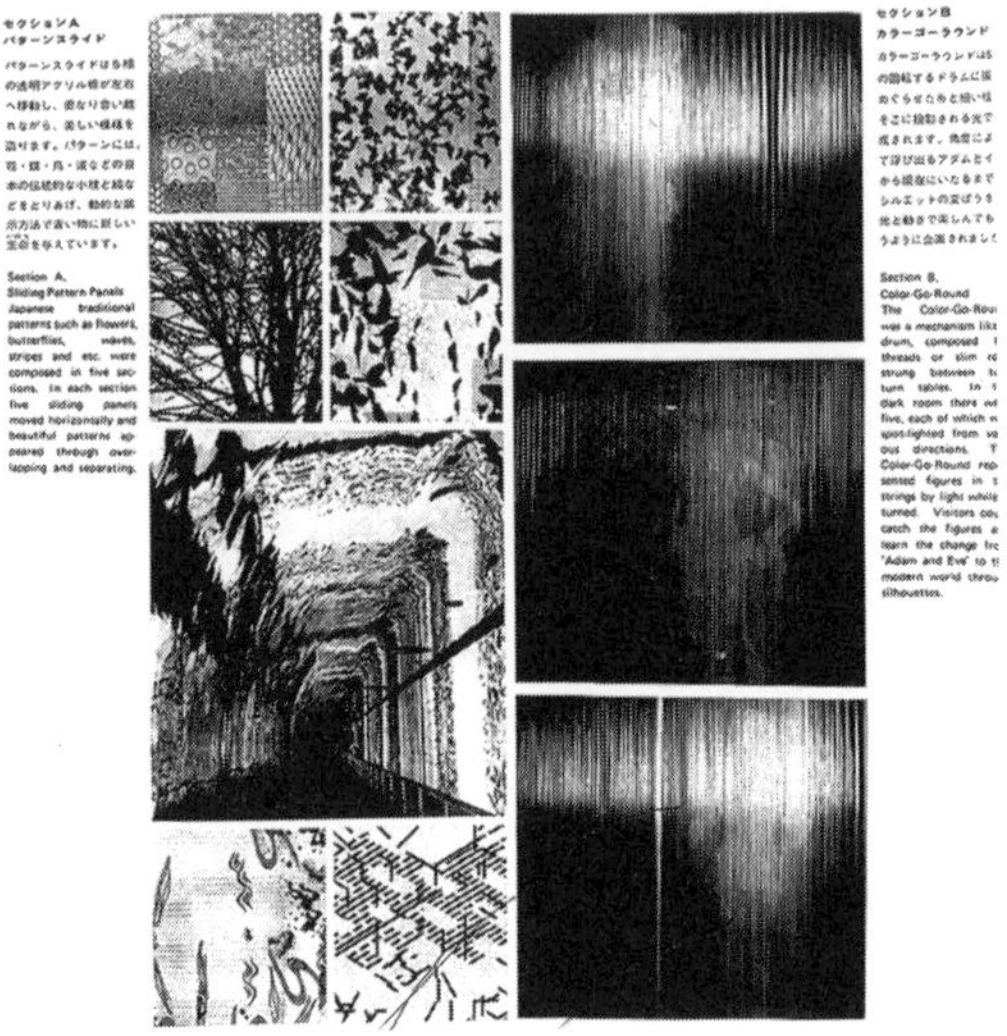

図 6–5　パターン・スライド（日本繊維館協力会編『せんい館』16ページより）

子音楽ｖｏｌ・14　大阪万博・せんい館の音楽』（２０１１年）で聴くことができる。そこには次の作品が収録されている。

1　パターン・スライド〝紋様〟の音楽
2　カラフル・ワールドの音楽
3　ホワイト・ワールドの音楽
4　「ロビー人形」の声（日本語訳、英語訳、ポルトガル語訳のミックス）
5　オブジェ「大ガラス」の声
6　映像ドーム内のＢＧＭ

ここで、音源が使用されていた展示がどういうものであったのか、日本繊維館協力会の資料から見ていこう。[29]日本繊維館協力会が編集した『せんい館』によると、このパビリオンの展示のコンセプトは以下のようである。

せんい館は、ありふれた展示方法を避け、環境芸術として４つの回廊部を構成しました。

繊維の歴史と未来と心を暗示するA.B.C.C'の展示セクションは、建物外周部の壁の中におさめられて、観客を包みこむように配置・設計。
観客はロビーから展示セクションへ、展示セクションからロビーへ、空間の移動に伴って、繊維の歴史や未来・意義・役割そしてせんいの心を体験していきます。(日本繊維館協力会編 1970a: 15)

「環境芸術」とは、日本においては66年に東野芳明が企画した「空間から環境へ」[30]展が知られているが、ここではパビリオンの内部の空間を環境として芸術作品を展示する方法として用いられている。そして、この展示セクションのAに当たるのが「パターン・スライド」であった。「パターン・スライド」は、次のように説明されている。

パターン・スライドは5組の透明アクリル板が左右へ移動し、重なり合い離れながら、美しい紋様を造ります。パターンには、花・蝶・鳥・波などの日本の伝統的な小紋と縞などをとりあげ、動的な展示方法で古い物に新しい生命《いのち》を与えています。(同 16)

湯浅の「パターン・スライド〝紋様〟の音楽」は、小鳥の鳴き声や日本人の子供たちの声を中心としてサンプリングしたテープ音楽であった。これが「花・蝶・鳥・波などの」動くアクリル板のパネルの展示の環境の中で流れることで、空間を動的なものにしている。そして、そのパターンが「日

図 6-6　せんい館 C' 回廊「カラフルワールド」の展示（『日本万国博覧会公式記録第 2 巻』422ページの写真より）

本の伝統的な小紋と縞など」ではあっても「古い物に新しい生命（いのち）を与え」る効果があったのである。

セクションCの「ホワイト・ワールド」とセクションC'「カラフルワールド」は、次のように説明されている。

家具調度を含めインテリアの全てを全く相似、対象的に作られた2つの展示室CとC'……片方は白一色に仕上げられています。この対象の妙―無味乾燥な無彩色の世界と、色のもつ意味を強く訴えた極彩色の世界を、全身で感じてもらおうという訳です。人間生活と色彩、そして繊維と人間とのかかわりをあらためて考えさせられる演出です。特にカラフルワールドは、国内ジャーナリズムはもちろん、ニューズウィークやCBSテレビ、西独など海外にも高く評価され、とりあげられました。又予想以上の観客を迎えたためにカラフルワールドは、2回にわたり改装された位に大混雑でした。（同 1970a: 17）

このセクションの展示を「全身で感じてもらおう」という表現は、マクルーハンの「メディア論」で提示されたメディアの考え方とも通ずるところがあるだろう。

・音楽と言葉による「日本的なるもの」の表象

『日本の電子音楽ｖｏｌ・14　大阪万博・せんい館の音楽』の解説にもあるが、「ホワイト・ワールドの音楽」は、「湯浅氏の代表的な初期電子音楽作品「プロジェクション・エセムプラスティック」のピッチを下げ、かつ「イコン」の素材も使ってこのスペースのために作られた」（湯浅ほか 2011）という。つまり、電子音楽においては、音響についての様々な調整（ピッチを下げる、素材を使うなど）によって作品が作られているのである。

「カラフル・ワールドの音楽」ではエレキギターの他、邦楽器の尺八のような音も聴くことができる。そして「『ロビー人形』の声」の日本語版は次に述べる「ヴォイセス・カミング」の声が使われていた。

湯浅は、電気通信館においても「テープ音楽」を提供している。これは「ヴォイセス・カミング（Voices Coming）」という声をコラージュした作品であり、そこでは、これも日本語がコラージュとしてサンプリングされていた。ここでは日本語のみがサンプリングされているわけではないが、前半部分では世界につながる電話のコールを中心としたものであった。「『もしもし』とか『ハロー』、『センダさ～ん』というようなコラージュで使った素材の電話での呼びかけ声が、日本語であったということが関係していると思う」（柳田 2010: 20）といわれているように、日本語というものが記憶に残るものとしてコラージュされていたということである。

4　音楽と言葉による表象

・「日本的なもの」と音楽

これまでの議論から「日本的なもの」について考えていこう。

船山隆によると、武満の「YEARS OF EAR<What is music?>」は、「人間のコミュニケーションの象徴としての国際電話」（船山 1998: 35）が使われていたということだが、湯浅譲二により電気通信館で流された「ヴォイセス・カミング」（NHKの電子音楽スタジオで録音された）においても日本語を中心とした言葉で作品が構成されていたのである。[31] 湯浅のこの曲が収録された『湯浅譲二ピアノ音楽集／テープ音楽集』では、「人間の音声言語のなかに音楽的意味を見出そうとして[32]」いると解説されているが、それが「日本語」を中心としたものであるということが聴衆に理解されていることからも、「日本的なるもの」は伝統楽器によらずに表象されるときのメディアとなっていたということである。それは、同じく湯浅の「せんい館」での「テープ音楽」である「パターン・スライド〝紋様〟の音楽」で、日本人の子供たちの声を中心としてサンプリングされていることからも読み取れるだろう。湯浅の作品からは、「日本語」という「言葉」が表象することから浮かび上がる「日本的なるもの」が音楽として表現されていたと考えられる。もちろん、日本語のみがサンプリングされているわけではない。しかし、日本語の言葉が日本語を母語とする者にとっては、それがアクセントとして聞かれるものであったということである。ここでは声や音という、展示においては見えないメディアとしてパビリオンという空間の中で「メッセージ」が表象されていたのである。

また、日本政府館の柴田南雄の「ディスプレイ'70」では邦楽器である龍笛が使用されていたが、柴田が指摘しているように、戦後の現代音楽の中で「日本的なもの」は再発見されたのであった。つまり、笙や琴などの邦楽器をテープ音楽の中に組み込むことは、それが却って戦後世界の現代音楽の中で最先端を担っていたという考えである（柴田：1998=2013）。これは、湯浅の「カラフル・ワールドの音楽」についても言えるだろう。この曲はエレキギターと尺八が使われたものであり、この音の断片が組み合わさったような作品は、邦楽器を調和的に曲の中に組み込むというよりも、むしろ柴田のように尺八の邦楽器としてのコンテクストからはみ出したような音の使い方である作品であった。もちろん邦楽器を使うことが即日本を表象するものではないということも言えるかもしれないが（例えば、吉田秀和は（吉田：2008）の中で、小泉文夫を引用しながら「邦楽器」が日本固有のものではないということを指摘している）、ここではそれをインデックスとして「日本的なもの」という「意味」へ構築されていくプロセスが問題となるのである。

また、これらの音楽は前衛とも言われる音楽家たちが関わっていたが、彼らの表現は、音・音楽をメインに建築空間やディスプレイ空間、映像などと重ね合わせられ、それらはメタファーが織り込まれた読解が必要とされる入り組んだ構造になっている。そして、ここでマクルーハンがメディア論において聴覚を中心とした部族の時代の復権を予言していたことも記憶されるだろう。武満の「YEARS OF EAR<What is music?>」という耳をメタファーとした作品のような、本章においてキーとなるような表現芸術があったというのも示唆的である。

・「日本的なもの」の表象

そもそも、この「日本的なもの」の表象は、万国博やオリンピックといった国家が関係する行事のときにはメタファーやシンボルとして登場するものであるが、大阪万博においては様々な要素が複合的に絡まった形で表象されていたことがわかる。そしてこのことを、展示における音・音楽を中心に見ていけば、「邦楽器」の場合は柴田の言及からもわかるように、「電子音楽」というコンテンポラリーな音楽表現の中で「日本的なるもの」が世界の現代音楽の中で最先端なものとして表象されていたということである。また、武満や湯浅のパビリオンでの「テープ音楽」においては、作品が同じようなものではないにせよ「声」や「言葉」が「日本的なもの」の表象として機能していたということも指摘出来るだろう。もちろん、湯浅は言葉というものを記号でありコミュニケーションのツールというように認識しているので、日本語というのがすぐに「日本的なるもの」になるというわけでは必ずしもないが、本人も述べているように、日本語が話されているテープ音楽は日本人に認識されるということを考え合わせれば、記号が「日本的なもの」に接合されるというコミュニケーションの機能としても捉えられるのではないかと考えられる。

そして、これらの事例からは「邦楽器」や「日本語」が単体として用いられていたわけではないということにも注意が必要だろう。つまり、それは西洋音楽や多国籍な言語とともに表象されていたということである。そしてこのような「日本的なもの」のモチーフは、戦後日本の前衛音楽や文化をめぐる問題圏として議論されてきたものであると考えられるのである。このことは、本章の事例においては、湯浅の場合は「言葉」をフューチャーした作品であるだろうし、あるいは武満であれば「YEARS OF EAR<What is music?>」のように世界各国の音や声といったものの「拡散と収斂」によって浮かび上がってくるものなのである。

5　万博をめぐる表現文化の動向

最後に、大阪万博をめぐる表現文化を取り巻く状況について考えてみたい。武満や横尾が万博に対する紆余曲折ののちに参加したという経緯があったように、万博の内と外においてこのプロジェクトには様々な反応があった。ここでは、べ平連に関わった、岡本太郎、粟津潔の表現活動について見ておきたい。

・岡本太郎と万博

岡本太郎は、べ平連運動と交差した美術家の一人であった。岡本の「殺すな」のタイポグラフィはべ平連の意見広告として『ワシントン・ポスト』紙、1967年4月3日発刊に掲載されている。この経緯として、小田マサノリを参照する。小田によれば、吉川勇一の証言から鶴見俊輔が岡本とべ平連のつながりを仲介し「殺すな」が依頼されたという（小田 2003: 58）。小田も指摘しているが、たしかに岡本は思想の科学研究会編の『芽』の表紙を担当していたことからも（1953年1月から

図 6-7　思想の科学研究会編『芽』（創刊号、1953年１月）

１９５４年12月）、鶴見と岡本との交流の深さがうかがえる。『語りつぐ戦後史』（思想の科学社、１９７０年）によると、鶴見は岡本と１９５０年ごろに交流があり、それは思想の科学から出版した『私の哲学』であったということである。鶴見と岡本の対談にはそこで岡本が書いたイラストが掲載されている（鶴見・岡本 1970: 23）。また、『芽』には、その後日本万国博覧会の太陽の塔の原型ともとれるイラストが表紙に描かれていた。

そして、べ平連が１９６５年11月16日付の『ニューヨーク・タイムズ』紙へ掲載した反戦広告（『べ平連ニュース』１９６５年11月25日号にその記事が載っている）に続いて、『ワシントン・ポスト』紙に反戦広告を載せることになり、『べ平連ニュース』１９６６年４月20日号に呼びかけの文章が掲載される。その呼びかけ人の一人として岡本の名前がある。

その後、岡本は１９７０年に大阪で開催された日本万国博覧会（大阪万博）における「お祭り広場」の「太陽の塔」の設計を行うことになる。岡本がプロデューサーを受諾したのは、昭和42年７月

7日であった。[33]

日本万国博覧会の公式記録によると、昭和42年10月21日第8回テーマ委員会において岡本はテーマ館プロデューサーとして出席し発言を行っている。プロデューサーが岡本に決定されるまでは仕事の性質上難航したと「第8回テーマ委員会」の経過報告にも述べられている。委員会では、丹下健三の説明の後に岡本が発言を行っている。

岡本は、万国博は「私は、万国博は楽しいことが第一、そしてベラボーさを持つことを強調したい。」(「第8回テーマ委員会」192)と言う。[34]

昭和43年4月19日の第30回常任理事会では、岡本はテーマ展示基本計画について報告している。そこで、テーマ展示における「日本」の表象について岡本が述べているところがある。

もう1つはちょっと話がずれますけれど、日本調とか、日本風というのはあれは日本じゃないんだ、現時点において日本風とか、日本調というものを否定してつくり上げるものこそ本当の日本なのであって、いつでも日本調とか、富士山、芸者ガールからやっと脱皮したけれども、桂離宮とか、多少高級めいたものがコピーになりやすいので、そうじゃなくて、現時点において世界で一番新しい日本の技術、日本の才能でもってつくり上げることが、本当の日本だという意味でそういうことも申しております。(第30回常任理事会:151-152)[35]

これは、岡本が鶴見との対談において万博のテーマ館のプロデューサーとしての自身について語っ

ているところでも反響している思考であった。それは、万博のプロデューサーになることによって、

さっきも言ったけれど、今度ぼくが責任をもつテーマ館では、全然、西洋的なものを蹴とばして、西洋美学なんかむしろ否定したもの、しかもみじんも日本的、日本風でない根源的なものをうち出そうとしてるんだ。ぼくは権威を否定して、古いものを否定するが根源的なものは肯定している。（鶴見・岡本 1970: 20–21）

発言にもあるように、岡本は権威を否定しながら根源的なものとして「日本」を、そして芸術、万博テーマ館を捉えていたのである。

また岡本は美術批評の針生一郎とも万博について対談している（岡本・針生 1968=2011）。針生は万博批判を書いているが、69年8月の「反博」の発想（「反戦、反体制の文化を万博に対置する発想」）についてては疑問を抱いていた（針生 1979: 187–188）[36]。芸術に関しては、針生は万博の展示よりも、同年の「人間と物質」展を評価している。

針生との対談（岡本・針生 1968=2011: 532–536）では、岡本は「国威宣揚」ではなく、テーマ展示では「根源的なものを再確認させ」るということを述べており、それは鶴見との対談でも語られていたものであった。そして、岡本は「日本文化」において欠けている「べらぼうさ」を万博において表現するために、万博という場所を「日本ばかりではなくて、世界の文化にエポックを与える」ものと捉えていたのである。それは「未来」ではなく「根源的なもの」であるという認識であった。このよ

うな「日本」は、これまで言及した「日本的なもの」をどのように表現するのかという、万博に参加した表現者たちとも交差する思考のバリエーションだったのである。

・粟津潔

次に、万博の基本構想にも関わったグラフィックデザイナーの粟津潔について見ておきたい。

美術批評の椹木野衣が指摘するように、粟津は万博のテーマである「人類の進歩と調和」による「前衛芸術の最終形態が、じっさいには日本人の郷土を破壊し、環境を切り裂くことで実現された、「復興」に由来する貧しさに端を発しているということ」(椹木 2005: 126) に敏感でありながら、矛盾の中でこのプロジェクトに参加していた。たしかに粟津は、ベトナム反戦運動や安保と関わる『週刊アンポ』の表紙のデザインを担当し、あるいは社会状況に対する批評活動も行っており、武満や横尾と同じように万博に対しては複雑な状況の中で参加していた。

粟津が関わった『デザイン批評』の第6号には、1968年に「万博と安保・EXPOSE・1968全記録収録」という70年を前にした特集が編集されていた。ここでは、前半で1968年4月に草月会館ホールで行われた「EXPOSE・1968シンポジュウム」の記録と論考が掲載されており、「EXPOSEとは、むろんEXPO70を意識して名付けられた。」(『デザイン批評』季刊第6号17頁) ということであった。後半では「万博と安保」という特集で針生が万博の問題について書きながら、岡本らとの対談も収録されている。

また1969年には、「反博 (反戦のための万国博)」という反戦運動から立ち上げられた動きが湧き上がってきていた。これは時代状況のなかで、ベトナム反戦運動や表現・文化・芸術を含む様々な運動と並行するものとして捉えられる。「反博」についての論考で、針生は複数の運動が交差していることを捉えながら、表現文化が反戦運動、万博に対する批判と関わっていく状況を、運動への課題も含めて記述していた（針生 1969）。

このような状況の中で、粟津は針生が編集した『われわれにとって万博とは何か』（針生編著 1969）という万博に反対する議論の多い書籍で、その博覧会のコンセプトを担う存在として自身の立場を座談会で語っている。たとえば、粟津は多木浩二の発言に応えて、磯崎新は「ノン」の建築という否定の論理である一方、粟津は現状を肯定しているのではないか、ということについて自身のコンセプトは「単なる二元論」「公式的二元論」ではないと述べている（粟津・多木・針生・宮内 1969: 177）。この座談会からもうかがえるように、粟津の表現活動は、反戦運動や万博の問題と交差して矛盾を含みながら実践されていたと考えられる。

・市民運動と表現文化の交差と芸術世界

ここで、これまで見てきた武満徹、横尾忠則について、市民運動との交差について述べておく。武満は谷川俊太郎作詞の「死んだ男の残したものは」の作曲をしている。この曲は1965年4月22日、全電通会館ホールの「ベトナムの平和を願う市民の集会」で初演された[37]。それから、この曲は高石友也がフォークギターで歌っている。高石が歌っている映像は映画『弾痕』（1969年）で見ることが出来る。この映画の音楽は武満が担当している。

横尾は、小田実が編集していた『週刊アンポ』の表紙を書いていた。横尾の自伝的エッセイによると、これは粟津からの依頼であったとのことだが、「政治オンチのくせに、べ平連の「週刊アンポ」にタダでイラストレーションに協力したり、そうかと思うと、べ平連の中で組織されている反博の当面の敵である万博で建築を建てていたり、セックスを反権力と見せたりしているところに興味あるのかもしれないが、私はこんなものは所詮偽装の観念だと、ふてくされたくなる。」（横尾 1970: 12）と書いている。ここで、横尾は万博に参加することにアンビバレントな感情を抱いていることを記しているのであった。そして、横尾は「せんい館」を「反万博」のアイデアから設計するわけだが、このことが実現したのは、「せんい館」の委員会が認めたことが大きい（横尾 2015: 195）。つまり、横尾は彼と表現の環境の中で表現者たちと交差することで、芸術における状況への関わりを自らの活動で実現させたのである。このような表現者の活動のひとつひとつが重なり合うことによって、また様々な関係者が交差することで、「アート・ワールド[38]」のような協同する領域が形成されていったのである。

大阪万博における音楽や芸術展示をめぐる状況は、「インターメディア」「環境芸術」として、60年代後半のメディアと芸術表現が結びついた観客が体験するアトラクションとしての側面があった。これは、その後の観光へのまなざしとしては、万博への参加者（オーディエンス、ツーリストたち）とその空間の消費の問題とも関わるものであろう。

そして、万博に参加した芸術家たちはある部分で矛盾も抱えつつも、万博という開催期間が限られた時間と空間の中で自身の芸術を表現したのである。それは、様々な表現が重層的に折り重なる芸術や表現であり、現代において再考されるべき実験だったのである。

終章　表現文化研究の方法論

終章では、表現文化研究のための方法について考えていく。ここでは、これまで考察してきた1960年代からの文化を現代の文化の潮流の中で考える上で、分析のための方法論から文化や表現をどのように捉えるのかという視座について見ていきたい。

以下では、文化研究や文化の社会学の観点を取り入れながら現代文化の現象を分析する方法について取り上げる。現代文化の研究は、カルチュラル・スタディーズという学問があり、これは文化を様々な観点から分析している。では、表現文化を考察する方法として文化の定義と関連する議論をこれから参照していこう。

1　表現の文化

・表現文化

表現文化とは何か。それは人々が行う表現行為、特に芸術文化に関わる活動を表すものである。カルチュラル・スタディーズの研究者ポール・ギルロイは、イギリスを中心としたブラック・ミュージックを取り上げる際に「黒人の表現文化（black expressive culture）」「文化表現（cultural expression）」（Gilroy 1993, 1994）というように述べていたが、本章では表現文化を音楽文化を中心としながらも人々が行う表現と文化的な諸関係に現れるものとして想定している。そして表現文化を、社会やメディア、文化産業などの関係とともに扱う。特に大衆文化、メディア文化、音楽文化を広く考察するが、このような文化は、わたしたちの身近な文化とも言えるし、またそれはメディアや産業の中からも生成するという相互の関わりとしても捉えられる。

・文化の定義

ここでは、文化の定義について見ていこう。最初に参照するのが、カルチュラル・スタディーズの議論である。文化とは culture の訳語であり、イギリスのカルチュラル・スタディーズを代表するレイモンド・ウィリアムズは英語の中でも「ややこしい語」（Williams 1976=2011: 138）の一つであるという。

ウィリアムズは『長い革命』において、「文化」の概念には三つの定義があると指摘する（Williams 1961=1983）。第一は「文化」を「理想」とする考えである。これは、絶対的で普遍的な価値による人間の状況を生活や作品から発見し記述することである（同: 43）。第二は、文化を「記録」とする考えである。この定義では、「文化は、知性と構想力を働かせて作られたものの全体であって、細かなところまで、人間の考えや体験の様々な姿が記録されているものである。」（同: 43）とされる。そして、

「理想の分析に非常によく似た過程、すなわち、「この世で考えられ、語られた一番良いもの」を見つけだ」（同：43）して記述するということも含まれる。第三は、「文化の『社会的』な定義」（同：43）訳は変更）という考えである。文化は、「特定の生活の仕方を記すということ」（同：43）となり、「特定の生活の仕方は、芸術や学ぶということの中だけでなくて、さまざまな制度や日常の行動の中にもその特定の意味と価値とを表現する」（同：43）ということである。

そしてウィリアムズは、ある時代・世代が持つといわれる「感覚の構造」についても述べている。ウィリアムズは、それを「一つの時代の文化」と定義し、そこでは例えば、ある時代の芸術作品でさえも、社会から超越したところに位置づけられるのではなく、コミュニケーションの媒体としての働きを持つということである（同：49）。

ウィリアムズはその後、『文化とは』（Williams 1981＝1985）で現代の文化社会学として制度や編成、生産といった複合的な観点から文化を考察している。ここでウィリアムズは、文化をヘゲモニックな「支配的」なもの、「残余的」なもの「創発的」なものに分類し、複合的な社会における社会文化変動のダイナミズムを捉えている。

・文化の区分

文化は時として、人々を区別するものとして機能してきた。例えば、文化が人々の趣味によって区別されるというとき、いわゆる上流階級はクラシックや純粋芸術、純文学を好み、美術館に行く。対して、中流、下層階級は、ポピュラー音楽や漫画、大衆小説を好み、あるいは、音楽は聴かない、というようにもいわれるだろう。

文化の区別としては、高級文化、大衆文化、ポピュラー文化というように分類されることがある。高級文化とは、いわゆる絵画や舞踊、彫刻といった芸術、純文学、クラシック音楽などである。音楽文化においては、高級文化として言及されるものとして、クラシック音楽があり、これはピアノ、バイオリンなどの楽器に顕著であるが、子供のころから習う必要がある。ここで含意されていることは、技術（テクニック）を身体化していくということである。そして、音楽を習得するということは両親の経済資本や文化資本が関係するのである。

大衆文化は、mass culture の訳語である。それを「人々（people）」の文化とは分ける議論がある。例えば、アラン・スウィングウッドは大衆文化をポピュラー文化と分けながら、大衆文化が高級文化を脅かす堕落したものと述べている。これは大衆文化を「文化産業」として捉えたフランクフルト学派の社会学者、テオドール・W・アドルノの議論からも参照されているのである。しかし、スウィングウッドは「ポピュラー文化」ということによって、そこに人々の自律した姿を見ようとした（Swingewood 1977=1982）。

・文化産業とポピュラー音楽

アドルノは、「文化産業」という有名な議論をマックス・ホルクハイマーとともに『啓蒙の弁証法』（Horkheimer and Adorno 1947=2007）において行っている。文化産業とは何か。それは、もともとは大衆文化のことであった。文化産業については、ある論者によって次のようにまとめられている。

文化産業は商品フェティシズムを強化し、交換価値の支配と国家独占資本主義の優勢を反映する。それは大衆の趣味や嗜好を形成し、そのために彼らの欲望をニセの欲求にとりこんで、その意識を鋳型にはめてしまう。（Strinati 1995=2003: 84 訳は一部変更）

ここで大衆は、アドルノによれば「主要なものではなく、従属的なものであり、計算に入れられたものであり、機械装置の付属物である」（Adorno 1968=2017: 74）ということなのである。

またアドルノは、「音楽における物神的性格と聴取の退化」（Adorno 1963=1998）において、資本主義社会では音楽が商品として物象化されるということを、マルクスのいう商品が孕む物神的（フェティッシュ）な性格についての分析を参照しながら考察している。そして、商品になってしまった音楽を享受するオーディエンスを批判した。

アドルノは「ポピュラー音楽について」（Adorno 1941=2002）[1]でジャズについて論じた。アドルノがポピュラー音楽として批判したジャズは、リズムが「機械時代（machine age）」（同：183 訳語は変更）に象徴されるように、単調で反復的なビートを基調としている。

止むことのないジャズのビートに代表される機械礼賛は、必然的に自己断念（self-renunciation）を引き起こし、それは何かに従属せずにはおれない人格として、不安な動揺の中に自分の根を下ろさざるをえない。というのは、機械は、与えられた社会状況の中でのみ、それ自体が目的となるから。またそこでは、人間は機械に張り付いて仕事をするわけだから、機械の添え物ということになるのである。（同：183）

アドルノのポピュラー音楽論にはテクノロジー（機械）に対する批判が見られる。また同時に、ポピュラー音楽の特徴に関する諸問題にも言及しているのである。以下に見ていきたい。

「ポピュラー音楽について」は、現代のポピュラー音楽を分析する上でも有用な議論が展開されている。アドルノは、ポピュラー音楽やジャズを「規格化（standardization）」や「グラマー（魅力）（glamor）」から説明するのである。

音楽を商品として大量生産するためには「規格化」が必要であり、これは耳に馴染むための規格にあうように音楽を作るということである。このような「規格化」は、ポピュラー音楽の演奏にも見られるものである。例えば、アドルノは、「たとえジャズ演奏家が実際に即興で演奏しているとしても、今やそれは、きっちり『寸法に合わせた（normalized）』もの」（Adorno 1941=2002: 153）であると、ジャズの即興演奏についても批判している。つまり、このような「規格化」によって聴衆はポピュラー音楽を安心して聴いていられるのである。

そして、ポピュラー音楽について、アドルノはもともと特定のヒット曲を「大当たり」させるためにしつこく繰り返すという狭い意味であった「プラッギング（plugging）」を取り上げ、それを音楽素材を聴取の習慣を画一化し、規格化するために作曲、編曲するという広い意味に使っているという（同：156–157）。これが広告と結びつくことで、「グラマー（魅力）」という効果によって音楽が達成されていくのである。また、「音楽の規格化」が生み出されるためにあるのが、「エセ個性尊重（pseudo-individualization）」（同：152）である。アドルノは、別の論考（「ラジオ音楽の社会的批判」）でも「ラジオにおける規格化は擬似個人主義（pseudo-individualism）という自らの［存在を隠す］覆《ヴェール》いを生み出す」と言っている（Adorno 1945=2002: 263）。

あるいは、アドルノは、ポピュラー音楽においては、「識別（recognition）と理解（understanding）とが同じことでしかない」と述べ、反対に、「芸術《シリアス》音楽では、理解は行為《アクト》であり、全体的な識別は、理解という行為に導かれて、根本的に新しいものへの出現《エマージェンス》へと到達するのである」（Adorno 1941=2002: 168）という。つまり、芸術音楽には音楽の新たな世界が広がっているのだが、ポピュラー音楽においては「識別がここでは、手段ではなく目的」（同：166）になっているのである。

そしてアドルノが問題としているのが、先ほど引用したポピュラー音楽をもっとも体現している「ジャズのビートに代表される機械礼賛」（同：183）である。そして、「機械音楽に適応するということは、必然的に自分自身の人間としての感性を断念することであり、また同時に、機械に対する物神崇拝《フェティシズム》を意味するから、その適応の道具《インストルメンタル》的性格はそこで覆い隠され曖昧にされるのである。」（同：183-184）と述べている。

また、アドルノはポピュラー音楽のオーディエンスとしての「ジルバ愛好者（jittebugs）」を「逃げ場などどこにもないことを受け入れる、という命題は、表面的には、単に内面の自発性を失うことを示すだけである。つまり主体《ザ・サブジェクツ》である人々は、ポピュラー音楽との関係から、残されたいかなる自由意志も奪われ、彼らに与えられたものに受動的な反応をするだけとなり、社会的に条件づけられた反射行動を取るだけの存在となる。」（同：190）と述べる。続けて、「昆虫学の用語であるジッターバグ［ジルバ、あるいはそれを踊る人］は、このことを強調する。すなわちそれはいらいら（jitter）を持つ昆虫であり、所与の刺激、たとえば光などに受動的に引きつけられるのである。人をこの虫と比較すれば、彼らは自律的な意志を奪われてしまっている、という認識に達する。」（同：190）とその問題点を指摘するのである。

音楽の聴取については、アドルノは『音楽社会学序説』においていくつかの型に分類し、聴取の態度を理念型として措定している。そこで登場するのが「エキスパート」による「構造的聴取」といわれる聴取態度である。この聴取態度における「構造的聴取」は、完全な自覚のもとにサウンドを全体として各々の音が相互に連関しているものとして聴き逃すことなく聴き取る態度であるという（Adorno 1962=1999: 23-24）。

しかし、考えてみれば、必ずしもポピュラー音楽はアドルノが批判したような聴取態度から楽しまれているばかりではない。例えば、本書で考察してきたように、1960年代後半のフォークソング運動においては、鶴見俊輔のいうような「非専門家」としてフォークソングを作り、それを歌うことや、その歌詞や「ひとびと」の活動による運動の領域の構築という側面から考えると、フォークソングのようなポピュラー音楽では、協同して活動することが重要であるということが分かるのである。そうであれば、ポピュラー音楽は美的な側面からだけでは捉えることが出来ない音楽文化であることが理解出来るだろう。

それはまた、以下に取り上げるように、表現文化は様々な社会的・文化的な側面とともに複合的に考察することが必要になるのである。

・文化における自律性

文化には下位文化とも訳されるサブカルチャー（subculture）という領域があり、これはカルチュラル・スタディーズが研究しているものの一つである。その広がりは、アメリカ・シカゴ学派の社会学からヴァーチャル文化にまで広がりがあると言われる（Gelder and Thornton 1997）。ここで含意していることの一つに、文化による区別の問題がある。

カルチュラル・スタディーズによる研究が蓄積される以前には、文化の議論は、「高級文化／大衆（あるいはポピュラー）文化」という固定され区別された観点から、ポピュラーなもの（ポピュラー文化や音楽）は肯定的に取り上げられることが多くなかった。そしてポピュラー文化を楽しむオーディエンスは、単に「商品」を買う消費者として説明されることがあった。しかし現代のカルチュラル・スタディーズを中心とする文化研究では、文化は様々な意味付与実践のなかから作り出されているという認識が必要となる。メディアの受容者であるオーディエンスあるいはユーザーについては、メディアを単純に受容することよりも、それを「使用」することによる意味の「創造」、あるいはそこから「文化」という空間がどのように作り出されるのかという問題が扱われる。そして、文化を表現されたものとして考察しながら、それを文化産業が作り出したもの、あるいは「ひとびと」が情報やメディアを使用しながら空間を作り上げていくという相互に関わるものとして考えていく。

ここで、シカゴ学派の社会学者ハワード・ベッカーのアート・ワールド論を参照しよう。ベッカーはアートという現象を社会学の分析枠組みによって考察している。それは「人々の協同的な行為が、ものごとを行う（doing thing）コンヴェンショナルな手段についての人々の連携しあった知識によって組織化する」（Becker 1984, 2008=2016: xxiv 訳は一部変更）ことであるとされる。ベッカーは、「アート・ワールド」をアーティスト、批評家、作品、言説や分配のシステム、オーディエンスなどの集合的行為（collective action）による人々の協同的なネットワーク（cooperative networks）として考察している。ここでベッカーは、ジャズやロック・ミュージックのようなポピュラー音楽も事例としながら、「アート・ワールド」を人々の協同的行為を可能にしているコンヴェンション[2]（conventions）から分析している。コンヴェンションは「規範、ルール、共有された理解、習慣、あるいは習俗といった、おなじみの社会学者と互換できる」（Becker 1984, 2008=2016: 30, 訳 : 35）と言われている。その後、アラン・ペサンとの対話においても、ピエール・ブルデューの「界」の理論に対するものとして自身の「ワールド」論を語っている（Becker 1984, 2008=2016）（Pessin and Becker 2008=2016）[3]。ベッカーの「アート・ワールド」の議論は「社会的世界」論として、シンボリック・インタラクショニズムにおける「社会的世界」（Strauss 1993, Gilmore 1990）、「社会的世界論」（宝月 2010）、科学技術社会論（STS）での「社会的世界フレームワーク（social worlds flamework）」（Clarke and Star 2008）などで言及されているように、現代の社会学においても研究されているのである。（→第4章）

また、表現文化の中には市場の意向が強いものがあり、それに強く関係する媒体もあるので、文化産業とアートや文化の自律的な創造性の双方を考察することも必要となるだろう。ウィリアムズも『文化とは（Culture）』において、芸術文化の歴史社会学研究において市場やメディアとの関係を考慮して分析していたことを指摘しておきたい（Williams 1981=1985）。

2　空間の社会理論

・ルフェーヴルと空間

ここでは「ひとびと（人々）」（↓第2章）の活動を捉えるために「空間」の社会理論について見ておきたい。それは、「都市空間」における文化と運動を考える時にも役立つものである。

「空間」について、フランスの社会学者、アンリ・ルフェーヴルは「社会空間」という概念から、従来まで数学や物理学に属する空虚なものと考えられていた自然的な「空間」から、「社会空間は社会的生産物である」（Lefebvre 1974=2000: 66）というように、それが社会的に生産されるところに注目する。そして、ルフェーヴルは『空間の生産』の中で、「空間的実践」「空間の表象」「表象の空間」という概念により、空間とその諸関係について考察している。

「空間的実践」とは、「生産と再生産を、そしてそれぞれの社会構成体を特徴づける特定の場所と空間配置をふくんでいる」（Lefebvre 1974=2000: 75）とされ、これは、聴覚から視覚が優位となる近代社会における「知覚されるもの」「知覚された空間」（同：82）とも言われている。「空間の表象」は「思考されるもの」（同：82）であり、それは、科学者や社会・経済計画の立案者の空間である（同：82）。「表象の空間」は「生きられるもの」として、「住民」、「ユーザー」あるいは「芸術家」、「作家」、「哲学者」などそこに住む人々の空間であるといわれている（同：83）。

これら三つは「(相対的な) 自律化 autonomisation (relative)」により「新しい諸矛盾をもたらす」(同:83) と言われ、「知覚されるもの」「思考されるもの」「生きられるもの」は弁証法的関係にあるということである (同:83)。

ルフェーヴルの言う「表象の空間」は、「住民」や「ユーザー」、作家や芸術家、哲学者などの空間ということであり、ここでは次に見る議論 (Mitchell 1995=2002) にもあるように「人々」がこの空間を利用するという活動を捉える視点が注目される。[4]

・空間論への展開

空間論の展開の中で、現代の社会理論では「空間」という概念を手がかりに社会や文化を分析する議論が見られるようになった。これは、文化や社会の変動へのアプローチという形でも現れている。例えば、文化人類学者のアルジュン・アパデュライは、グローバライゼーションにおける文化のフローの諸問題を「スケープ」概念を提唱しながら分析している。アパデュライは、「スケープ」を「(一) エスノスケープ [民族の地景]、(二) メディアスケープ [メディアの地景]、(三) テクノスケープ [技術の地景]、(四) ファイナンスケープ [資本の地景]、そして (五) イデオスケープ [観念の地景]」(Appadurai 1996=2004: 64) の5つから捉え、そこからグローバル化における文化の問題を考えているのである。

空間の問題は、カナダのカルチュラル・スタディーズの研究者であるジョディー・バーランドもマクルーハンやハロルド・A・イニスなどの議論から考察しているが、アントニオ・ネグリ、マイケル・ハートがジル・ドゥルーズとフェリックス・ガタリの「脱領域化」と「再領域化」を取り上げているところにも注目していた（Berland 2009: 21）。ネグリとハートによる「マルチチュード」という概念は、社会空間において運動する人々がどのように活動を行うのかということについてのものでもある。ネグリとハートは、「マルチチュード」について、「人民、大衆、労働者階級」とは区別されるものとしての「単一の同一性には決して縮減できない無数の内的差異」として構成される「多数多様性」であると定義している（Negri and Hardt 2004=2005: xiii–xiv, 訳（上巻）: 19–20）。そして、そこでは「共（the common）」が生み出されるという。

また、『マルチチュード』においてネグリとハートは、インターネットの分散型ネットワークはマルチチュードにとっての初期のイメージ、モデルになると述べている（*ibid*.: xv, 訳：21）。ネグリらは、マルチチュードを「ネットワーク」の中で捉えており、この「ネットワーク」というのも空間的なメタファーであると考えられるだろう。そして、ここでは運動が固定化されないということを含意しているのである。ネットワークは可変的であり、これが公共的な空間において展開されると、それは公共空間という場所を一時的に領有しながら活動を行うということである。そして、空間における実践としての「マルチチュード」の活動はデヴィッド・ハーヴェイも指摘するように都市空間においても見られるものなのである。[5]

3　公共圏、空間、オーディエンス

・公共圏と空間、場所

空間を社会理論や文化研究のテーマとして取り上げることは、都市空間の問題からメディア環境など、わたしたちを取り巻く社会環境を考えることでもある。そこで取り上げられるのが、表現活動が行われる空間、場所についての考え方である。それをユルゲン・ハーバーマスの「公共圏」から見ていこう。公共圏については、たとえば社会的関与芸術（Socially Engaged Art）について考察しているパブロ・エルゲラにも言及されている（Helguera 2011=2015）。それは公共圏に影響を与えるようなアートについて述べられているのであり、この概念の適応可能性が見られる。

ハーバーマスは、『公共性の構造転換』（Habermas 1962=1994）において「市民的公共圏」について述べている。それは議論する「私人」たちによって構成され、ここで想定されているのは、議論をすることを可能にした文芸的公共圏から、コーヒーハウス（喫茶店）、サロンや会食クラブという「施設化」された空間であった。しかし公共圏の議論には批判があり、アメリカの政治哲学者、ナンシー・フレイザーは、「公共圏」に参加できるのはブルジョアに限られていて、つまりそれは「自由主義的なブルジョア的公共圏モデル」といえるものであり、それゆえハーバーマスはそれに代わる「新しいポスト・ブルジョア的な公共圏モデル」を展開しなかったという（Fraser 1992=1999: 121）。ハーバーマスも、1990年の序文において、市民的公共圏に限られないそれ以外のサブカルチャーや階級に特有の公共圏について、その存在を認めている。しかし、フレイザーは階層社会において公共圏は多元的であることが望ましいとし、従属的なポジションにある集団が相対的な自律性を保持しながら形成する公共圏を「サバルタン公共圏」と呼んでいる。これは、必ずしもブルジョアだけに限られない人々によるオルタナティブな公共圏の可能性を示しているといえよう（同：120-121）。

この「公共圏」の議論は空間の社会理論に応用される。地理学者のドン・ミッチェルはルフェーヴルの「表象の空間」と「空間の表象」から、公共空間の問題について考察している（Mitchell 1995=2002）。ここで「表象の空間」は「ひとびと」による活動の領域であると捉えることもできる。そして、ミッチェルは、裁判所広場や記念広場といった公共の空間は「空間の表象」に由来しているが、それは人々が使用することによって「表象の空間」にもなりうるという（同：94）。

また、ミッチェルは「公共圏」について言及しながら、ハーバーマスの「公共圏」は「規範的」なものであるのだが、「この公共圏の一部としての空間は、一般大衆のあらゆるメンバーの社会的相互交流と政治活動が生じる物的な場所である。」（同：95）という指摘を行っている。つまり、ミッチェルは「公共圏」を「空間」的で具体的な場所として取り上げているのである。

・セルトー、「ユーザー」、空間

第2章で言及した、ミシェル・ド・セルトー（Certeau 1980=1987）は、文化の消費者である「ユーザー」の位相に関して述べている。そして、自らの研究の目的を「使用者（ユーザー）」による「ひとつの「文化」を構成している様々な操作の組み合わせを明るみにだすこと」（*ibid*.: 12）であるという。「ユーザー」は「消費者」という「遠回しな名」で呼ばれているが、ここで「ユーザー」とは、消費者として、政治・経済・文化・イデオロギーというような社会のシステムを再生産するために持ち出される予定調和の存在ではなくて、「もののやりかた」という日常的な生活の行為実践において、ある「操作」を行う存在として捉えられるのである。つまり「ユーザー」は、支配的な社会のシステムによる意味や定義に対して、意味を再付与して生産してゆく存在として描かれている。

そしてセルトーが注目するのが、「ユーザー」による「製作」という契機である。従来までは消費は、能動的な生産に対置される受動的な消費というように対置され生産の脇に置かれていたのだが、セルトーは、社会の経済システムにおける物の「生産」にもうひとつの生産といわれる「『消費』と形容されている生産」(*ibid.*: 14)を対置した。ここで「ユーザー」は消費することによって意味を生産し、アイデンティティとして「おのれを現す」(*ibid.*: 14)のである。

また、セルトーは「空間」について考察している。彼は、「空間」を「場所」と区別している。セルトーによると「場所」とは秩序のことであり、物事の配置が並列的である。そこでは「適正」という法則が支配している。それに対して「空間」とは、「動くものの交錯するところ」(*ibid.*: 242)であり、

要するに、空間とは実践された場所のことである。たとえば都市計画によって幾何学的に出来上がった都市は、そこを歩く者たちによって空間に転換させられてしまう。(*ibid.*: 243)

これはつまり、セルトーのいう「戦略」に対する「戦術」としての空間の実践と捉えることが出来

るであろう。セルトーは「戦術」について、「戦略」という「おのれに固有のものとして境界線をひけるような一定の場所を前提と」した「政治的、経済的、科学的な合理性」（*ibid.*: 25）のような領域ではなく、もとは自分の空間ではない、いわば「他者の場」である領域を領有することによって自らの空間にするという実践であるという。そしてセルトーによれば、「たいていの日常的実践（話すこと、読むこと、道の往来、買い物をしたり料理したりすること、等々）は戦術的なタイプに属している。」（*ibid.*: 26-27）ということである。つまり、セルトーのいう「空間」は日常的実践の場として現れるのである。

このように、セルトーは、「消費者」が「ユーザー」であるとの視座の転換を行った。そして、「ユーザー」が日常生活において行っているとされる操作のロジックのモデルを提示していたのである。日常生活における行いが「製作」や「生産」につながり、またそのような実践が「場所」を「空間」に変えるというような彼の議論は、「ユーザー」の行為に意味を見出すという論点を提示していて注目される。（→第2章）

・オーディエンスの能動性

ここでは、オーディエンスに関する議論について取り上げる。

オーディエンス研究をエスノグラフィーの手法を用いながら行っているシャウン・ムーアーズは、スチュアート・ホールらの「コード化／読解」モデルを批判的に継承しながら（Moores 1993: 11-31）、彼自身の研究を「メディアの消費者たちが、日常生活において出会うテクストやテクノロジーに付与する意味をチャート化する試み」(*ibid*.: 1) であると定義している。

ムーアーズはオーディエンスについて、文化研究のジャニス・ラドウェイからオーディエンスのオリジナルの用法は対面的状況における聞く行為であるとして、それがテレビのような電気的に媒介されたメディアにおいて用いられたのは最近のことであるという (*ibid*.: 2)。

そして次のように述べる。

最初に挙げたケース (ラドウェイ) では、声の発信者と受信者は、発話状況において共存している。彼/女らは共通の物理的空間を共有しているのである。これでは、仮に、有効な比較が劇場のオーディエンスに利用できたとしても、—それはライブ・パフォーマンスに集中する一カ所に集まった特別なグループなので—テレビを見たり、ラジオを聴くこととの対比においては明らかにはならないのである。ここでは消費は、地理的に多数に分散しており、しばしば、日々の社会生活に埋め込まれたその他の実践と対立しているのである。(*ibid*.: 2)

テレビやラジオ、インターネットでは、オーディエンス、ファンは、「ライブ・パフォーマンスに集中する一カ所に集まった特別なグループ」ではなく、テレビやラジオ、インターネットなどのメディアによって、地理的に離れた場所でそれらを受容することで存在しているということである。それは例えば、雑誌というメディアを読むことによってフォークソング運動の情報を知り、投稿欄において発信することでその領域に参加するようなオーディエンスの存在である。現代においては、インターネットにおける双方向なメディアによってテクノロジーを媒介にして、その存在が浮かび上がってくるのである。ここでオーディエンスはメディアを消費するだけではなく、その消費という行為において、例えばブログや雑誌の読者投稿において意見を表明することによって自分を表現するのである。

あるいは、ジョン・フィスクは論文「ファンの文化経済 Cultural Economy of Fandom」（Fiske 1992）において、オーディエンスであるファンの「生産性 productivity」について考察している。そこでは、「ポピュラー文化は文化産業の生産物を使ってひとびとが作り出すものである」と言われ、その「生産性」を「記号論的生産性、発話的生産性、そしてテクスト的生産性」と呼んでいる（*ibid*.: 37）。それは、文化産業の生産物はファンによる様々な活動によって意味を与えられ、「生産性」の観点から考察されるということなのである。[6] つまり、ファンであることで自らの社会的なアイデンティティをアーティストから記号論的に作りあげ、それが語られたり対面的に共有されるとオーラルな文化として発話的な生産性となる。それは、話された内容だけではなく、例えば、髪型やメーキャップのスタイル、衣服やアクセサリーなどの選択も重要な契機になるということである。またファンによって生産される公認された文化にも承認されるアーティスティックな生産、作品として生産されるものにも言及されている。これはファンのサークルの中でのみ回覧されるものから、オリジナルな作品の生産にも広がっている（*ibid*.: 37ff）。

そして、オーディエンスやファンの文化は、メディア研究のヘンリー・ジェンキンズが分析している「メディア・コンヴァージェンス」や「参加型文化」「集合的知性」という、メディア・プラットフォームのコンテンツについての問題や、メディアに能動的に参加するオーディエンス、メディア消費の集合的なプロセスに関する研究からも議論されている（Jenkins 2006=2021）。

このような議論は、大衆社会論、大衆文化論における受動的な大衆や消費者というような視点とは異なる方向を示している。むしろ、本書で考察した鶴見のいうような能動的な大衆の活動の考察の視座とも共振するものであろう。また、それはフォークソング運動における様々なひとびとの協同する活動を考察するときにも接続出来る議論であろう。

・都市と空間における文化、実践、運動

最後に、これまでの議論を受けながら、空間との関わりにおける文化についての応用を試みたい。ここでは、空間と実践の問題について、戦後日本における文化と市民運動を事例として考える。これは、その空間に参加した行為者、あるいはオーディエンスとしての人々がどのようにリアクションをするのかという、現在においても続くテーマを文化の歴史的な課題として考察するものである。

ここでは、１９６０年代日本のフォークソング運動と関連する出来事から考えていこう。以下に考察するような人々が路上に出て運動を行うことは、最近ではデヴィッド・ハーヴェイが言及しているような２０１１年のウォールストリート占拠などにも顕著に見られるものである。そしてハーヴェイは、ここで「まさに重要なことは、ツイッターやフェイスブック上におけるつぶやきのバブルではなく、ストリートや広場における生身の身体である」との指摘を行っている（Harvey 2012=2013: 162, 訳：263）。

このような路上における運動は、例えば戦後の日本に限ってもいくつかの事例がある。本書でも取

り上げた1960年代のフォークソング運動の特殊性というのは、たとえば新宿駅西口広場という都市空間をめぐってフォークギターによる音楽の演奏が行われており、それが市民運動だけではなくポピュラーカルチャーの問題としても現代においても語られる事例である。そしてまた、音楽を使用する文化・市民運動の事例は、現代においても見られる。

本書で議論してきたように、フォークソング運動とは、「フォークとは何か」や都市空間を捉える言説や思想、「うた」や「レコード」、媒体などが複合的に絡まりながら生成された運動だった。このようなネットワークの中で、様々なメディアや行為者が絡まり合いながら「うた」が誕生し生成していったのである。そして、「うた」は新宿駅西口広場の集会の東京フォーク・ゲリラによって、「機動隊のブルース」という替え歌にして歌われることにもなるのであった。

東京フォーク・ゲリラをめぐる実践は、フォークソングを歌うことと、それを聴く人々、あるいは新宿駅を通りかかった人たちが多様である多数者としてオーディエンスとなった。東京フォーク・ゲリラは、フォーク・ギターによってうたが歌われることに特徴があったが、フォークソングによって空間を参加者が領有するという「運動」によって都市空間の構造における「矛盾」を明らかにしたと考えることができる。また、都市空間の中において多数者が集う空間は、ネグリらの「マルチチュード」という「多数多様性」を捉える視座としても示唆的であると思われる。

そして都市空間の問題は、室謙二が書いたように、新宿駅西口という空間が「道路」なのか、それとも「広場」なのか、というような問題提起からも浮かび上がってくるのである（室 1969）。それは、『フォーク・ゲリラとは何者か』（1971年）においても、新宿西口が「広場」であり、そこでは人々の活動が自由に行われる空間であるということが確認されている（吉岡 1971）。（第4章も参照）「うた」や「サウンド」は声や音を構成要素としている。それは、ルフェーヴルからミッチェルの議論における「空間の表象」に由来しながら、参加者が使用することによって「表象の空間」ともなる「公共圏」としての「空間」の問題なのである。「うた」とそこに意義を見出す参加者たちの「運動」によって、「公共圏」としての都市空間が浮かび上がり「広場」と認識されることで、新宿駅西口広場という空間の意味が変容したのである。

そして「うた」が使用されると、それは思想としても生成する。「うた」が思想としてどのように活動に接合されているのかという軌跡を知るには、複数の媒体のネットワークが関連している。ここで取り上げたいのが、先ほど言及したアパデュライのいう「スケープ」という「空間」概念による複数の領域の交差についての分析である。それを、これまで考察してきたようにフォークソング運動を複合的な運動体として考えてみよう。そこに表象されるのは、「うた」そして「ミニコミ」「雑誌」「音源」、またはレコードといったメディアやテクノロジー、そして「うた」に含まれる「民主主義」を求める「思想」「イデオロギー」というような言説であり、それらが「スケープ」として空間に編成されるということである。そして、「うた」が新たな意味に接合される（articulate）ことによって、そこで意味の転換が行われるのである。[7]

・表現文化の理論のために

以上のように、本章の課題は、空間的な領域か文化の諸問題とを社会理論から考察することであった。ここでは、空間の社会理論を中心に社会や文化が「空間」との関わりから考察されることをカルチュラル・スタディーズ以降の理論とともに考えてきた。

これまで議論してきたことは、現代社会における諸問題を空間や文化から捉えるということであり、様々な議論を交差させせながら論じてきた。本章で考察した「空間」は、「矛盾」を孕みながら構造化された領域であり、「都市空間」においては「ひとびと」が活動する場所としての問題を提起している（「公共圏」や「広場」）。また事例で取り上げたフォークソング運動は、歌詞や思想が伝達される「媒体」とも関係する複合的な状況の中で、「運動」が生成される過程でもあった。これは、平和や民主主義を歌うことによる、その思想的、文化的前提としての「うた」をめぐる「スケープ」の問題でもあった。そして、東京フォーク・ゲリラが新宿駅西口広場において空間を領有しながら「うた」と「運動」の空間をどのように生成させていたのかということは、現在の文化運動においても続く活動の理解になるものであると考えられるのである。

注

はじめに

［1］ 鶴見の営為のある部分は、状況に自ら参加 engage することによりながら言説活動を生産していたと考えられ、結果的には本人は意識していなくても観察と参加によって支えられていたといえる。だから鶴見の状況への関わりは、行動する知識人であったサルトルとも比較できるだろう。もちろん行動の指針となる思想については、実践のみが語られている訳ではないので、そのことの考察も必要である（たとえば、ガンディー論など）。

［2］ 社会学者のジョン・アーリも、ネットワークとフローからグローバル化における文化の問題を考えている。アーリも「スケイプ」という概念から、それを「機械、テクノロジー、組織、テクスト、アクターからなるネットワーク」として定義し「それらはフローの中継を可能にするような相互に連結された結節点を構成している。」という（Urry 2000=2006: 62）。アーリは「アクター」を、ブルーノ・ラトゥールがアネマリー・モル、ジョン・ローら「アクターネットワーク理論」からヒトやモノをも含むものとして捉えている（同7、第2章、訳注2など）。「アクターネットワーク理論」については、Latour（1991, 1997=2008）、Law and Hassard eds.（1999）。そして、アーリはネットワークを「領域、ネットワーク、移動体」という「空間メタファー」として参照している（Urry 同前：46）。

［3］ 本書には議論の必要上、粟谷（2018）の内容の一部を要約しているところがある。また本書にはこれまで発表した論考（参考文献に挙げている）の一部が収録されているが、全て加筆、修正を行った。

第1章

［1］　人々の協同的な活動を捉えるものとして、ハワード・S・ベッカーの「アート・ワールド（art worlds）」（Becker 1984, 2008=2016）の議論が参照される。終章を参照。

［2］　鶴見は、1960年に東京工業大学を辞した後、1961年に同志社大学に着任する。1970年までは同志社大学の教授であった。鶴見の活動のフィールドとしての「新聞学」という学問領域は、日本の大学における新聞学の歴史からは、1930年代の東京帝国大学における新聞学の設立について当初は教授会の反対もあり紆余曲折があった（吉見 2000: 193 以下）。鶴見が大学教授としての空間を占めた1960年代の同志社大学の「新聞学」は、哲学という領域には収まりきらない鶴見の活動の受け皿になった。あるいは、鶴見が大学教員として活動していた同時期にも、東京大学新聞研究所の教授であった日高六郎は、社会学、社会心理学者として、大衆文化やマス・コミュニケーションに関する論考を多数発表していた（日高 1960）。

［3］　「略年譜」（鶴見 1976a）などより。

［4］　1960年代後半の市民運動、学生運動のムーブメントは70年代の新しい社会運動を生み、それは1998年のNPO法制定の原動力となったとも言われている（秋葉 2007: 50-51）。

［5］　本書では詳しく考察することが出来ないが、「声なき声の会」については、片桐ユズルも参加しており人脈的にも「べ平連」へとつながる集団であると考えることができる。片桐が「声なき声のたより」に書いた詩は（片桐 1963）にも収録されている。鶴見（1996: 504）も参照。

［6］　小田実は「べ平連」を「『反戦』の市民運動」と捉え、その国際会議「反戦と変革にかんする国際会議」を「International Peoples' Conference against War and for Fundemental Social Change」と英

訳し、そこで「People」という言葉を使用している（小田 1995: 33)。

［7］『べ平連ニュース』12号1966年9月1日。以後『べ平連ニュース』からの引用は全て、べ平連：〈ベトナムに平和を！〉市民連合（1974)。また、「ベトナムに平和を！」市民連合編（1974）も参照している。

［8］片桐ユズルインタビュー、2018年6月13日、においても片桐はべ平連において通訳として関わっていたと語っている。

［9］『べ平連ニュース』14号1966年11月1日。

［10］その時の模様は、小林トミによって記録されている。小林トミ「『バエズを囲む夕』に出席して」『べ平連ニュース』17号1967年2月1日。小林は、ここでフォークソングの「We Shall Overcome」をみんなで歌ったと書いている。

［11］この集会で、片桐ユズルが紹介しながら尻石（高石）友也とバエズがウィ・シャル・オーバーカムを歌っている。高石は谷川俊太郎作詞、武満徹作曲の「死んだ男の残したものは」も歌っている。吉川勇一氏旧蔵・「べ平連」運動関連資料（S01）立教大学共生社会研究センター所蔵。

［12］『べ平連ニュース』1967年2月1日。あるいはそれは、東京フォーク・ゲリラの中心人物であった吉岡忍も語っていたことであった。吉岡忍インタビュー、2019年3月13日。また、ここでは例えば、片桐ユズルの訳で「We Shall Overcome のかえ歌」が「おばけのQ太郎」のイラストとともに掲載されていて、これは、運動を「ユーモア」も交えながら紹介している『べ平連ニュース』の紙面作りの一つの特徴でもあると考えられる。

［13］大学におけるネットワークについては、黒川創が述べているように、鶴見が1948年に京都大学の教員となることによって、「これによって翌年四九年、京大人文科学研究所西洋部主任（当時）の桑

原武夫のもとで鶴見も参加して始まる〈ルソー〉、〈フランス百科全書〉の共同研究は、その方法、また、人脈においても（この大プロジェクトへの参加者のなかに、若き多田道太郎、梅棹忠夫、橋本峰雄、大淵和夫らもいた）、この後の『思想の科学』の方向づけに、大きな影響をもたらした。」（黒川 2009: ii）ということだった。

[14] 京都べ平連の機関誌であった「ベトナム通信」は、同志社大学の鶴見研究室が宛先となっていた時期があり、大学は鶴見にとって人的なネットワークと活動が協同される場所でもあった。

[15] 天野正子は、『思想の科学』の研究から「ひとびと」を「マス」というかたまりや「大衆のひとり」というよりも「ひとりの大衆」としての「個」の重要性について指摘している（天野 1992）。また和田悠は、鶴見が捉える大衆が初期の『思想の科学』においては「知識人と大衆」という枠組みによる静態的なものであったものが、１９５０年代に主体的な大衆像へ転回を遂げたという（和田 2005）。「大衆」については鶴見（1959=1975）、粟谷（2016c, 2018）も参照。

[16] このプロジェクトとして、例えば「ひとびとの哲学叢書」と銘打って１９５０年に刊行された『夢とおもかげ』は、「思想の科学研究会」における大衆文化研究の最初の成果である。この『夢とおもかげ』のころの「大衆娯楽」という対象は、88年に刊行された『戦後日本の精神史』における鶴見の「民衆娯楽」の考察（鶴見 1968）や『戦後日本の大衆文化史』においても反映されていると考えられる。

[17] 「べ平連」を代表する小田実も、その活動を「ピープル」の運動として捉えていた（小田 1995）。

[18] 講義は１９７９年に行われている。

[19] これまでの経験的な研究としては、１９９５年の阪神淡路大震災の後の地域住民（市民）たちのメディアや音楽文化による活動の研究（粟谷 2008、Awatani 2010）、２０１１年の東日本大震災後の福島県いわき市のコミュニティＦＭや地域住民たちの復興支援活動についての研究（粟谷・遠藤・平石

2014）、そして、1960年代後半から70年代はじめの関西のフォークソング運動の関係者へのインタビューを中心とした調査についての研究（粟谷 2016c, 2018）がある。

[20] 戦後日本の市民社会における諸問題は、市民社会論、戦後啓蒙思想、生活者の思想など挙げられる。社会の領域で研究されているものは、本書の関心からは、山口（2004）、安田・天野（1992）、天野（1992）、Avenell（2010）などが挙げられる。歴史社会学から戦後日本の社会と文化を「ひとびと」の行動とともに捉えた研究は、小熊（2009）がある。

[21] 鶴見は「市民運動」という言葉は1960年から広がったと述べている（鶴見 1984: 177）。

[22]『戦後日本の大衆文化史』は岩波書店から3度刊行され、筑摩書房から著作集として刊行されている。この著作は英訳もされている。

[23] 例えば、鶴見（1955a）。

[24] 高畠通敏の市民社会論についての山口定（2004: 94-96）の要約より。

[25] 例えば、片桐ユズルや室謙二の議論。第5章も参照。

[26] 鶴見（1969b）。

[27] テレビはアメリカの事例から述べられている。「映画と現代思想」1950年。

[28]「昭和44年度同志社大学大学院文学研究科講義概要」

[29] ここで、鶴見は大衆文化の問題として「替え歌」について取り上げている（鶴見 1969b: 12）。「替え歌」については、次の章で考察する。

[30] 鶴見の吉本論は、鶴見（1964）。鶴見と吉本については、対談「どこに思想の根拠をおくか」（吉本・鶴見 1972）、鶴見（1996）、絓（2008）、添田（2010）などを参照した。鶴見の吉本批判については、北河（2014）、鶴見と吉本の対談についての小田実の見解については、鈴木（2014）がまとめており、

参考になった。『吉本隆明対談選』講談社文芸文庫の解説において、鶴見と吉本は「なにか時代の節目に呼び合うように行われているような印象がある。」とも書かれている（松岡 2005: 372）。

［31］「大衆の原像」についての要約と引用は、鹿島（2017: 295–297）から行った。

［32］「べ平連」のような鶴見における営為のある部分は、状況に関わりながら言説活動を生産していたと考えられる。そのため、鶴見の直接的な状況との関わりを視野に入れる研究も必要があろう。また、鶴見を活動とともに考察するのには、本書で考察するように、取り上げる資料（テクスト）についても必ずしも長大な思想的な著作ではなくとも、その時々の彼の思考の動きを捉えるためのいくつかの短いものを含めることが有用である。

第2章

［1］鶴見と片桐は「記号の会」やそれ以前にも『思想の科学』の研究会において交流があった（片桐ユズルインタビュー、２０１８年6月13日）。鶴見（1969=1992）、原田（2001）も参照。

［2］また「これら三底辺がプラグマティズムの各流派において、どんなふうに融合されているのか、つまり底辺間の蝶番いがどんな仕組になっているのかは興味ある問題と思う。」ということから「ある流派においては、これらの間のくいちがいがあらわれる。」とも言われている。そして、「この三角形の各辺が（若干の補正を経た後）プラグマティズム以外の、思想底辺としても使用され得ることは注意されねばならぬ。」と述べる。その例として、「Aは観念論の底辺として、Bは論理実証主義の底辺として、Cは決定論的唯物論の底辺として使用し得る。」として、これらは「史上プラグマティズムと呼ばれてきた思潮からはいくぶん外れたものとなる。するとプラグマティズムを他の諸思潮から区別する最大の特徴は、個々の底辺の性質よりも、これらの底辺が共通の中心観念を抱いて集合するその基本形態にあ

るといえる。」（以上 鶴見 1950=1991: 148–149）といわれている。

［3］ 鶴見は、もともとアメリカにおいてプラグマティズムという哲学を学びその成果を『アメリカ哲学』として発表していたわけであるが、しかし、それはアメリカの哲学をそのまま紹介するに留まらず、日本における事例において展開したのである。もともと、日本においてはプラグマティズの輸入の歴史があったが、鶴見のプラグマティズムの日本的展開はこの流れの中にも位置づけられよう。

［4］ この巻の収録論考は、阿部知二「芸術の社会史」、佐々木基一「芸術の発生」。

［5］ 「そして、民謡の発生にさいしては、おそらく最初の歌い手と作者とは同一人物だったのであろうと推定している。「東京音頭」や「桜音頭」の流行をまねて、全国各地で作られた「□□音頭」が「民謡」としてとおるようになり、こうして民謡がマス・コミュニケーションの通路にのせられた大衆芸術として転生しつつあった昭和初期において、柳田国男の民謡の定義は、はっきりと限界芸術の一様式としてとらえることで、民謡をなしくずしに大衆芸術にとけこませることからふせいだ。」（鶴見 1967: 10）

［6］ 鶴見（1967: 18）。このことに関して、菅孝行は、鶴見の「限界芸術論」について、鶴見は「大衆芸術」を論じる時にも「必ずそれらを限界芸術として論じるのである。」（菅 1980: 145）と述べる。しかし、菅自身も、「『純粋芸術』も、『大衆芸術』も、限界芸術としての発生史を内在させている」（同：146）と書いているところから、「限界芸術」が媒介して「純粋芸術」「大衆芸術」をつなぎ、それらのなかに「限界芸術」の発生の契機が孕まれているということを考える必要があろう。

［7］ 『限界芸術論』の収録論考は次のようになっている。

芸術の発展／黒岩涙香／流行歌の歴史／大衆芸術論／マスコミ時評／視聴者参加番組について／「松竹新喜劇アワー」の人間像／私の愛読した広告／新聞小説論／チェンバレン著『日本ふうのもの』／こ

れはフリードリッヒ大王の書いた本か?/あとがき/索引

[8] 先ほど述べたように、柳田の民謡論において鶴見は「大衆芸術」と「限界芸術」について触れていたが、それは「限界芸術」が、民謡が「大衆芸術」化するのを防ぐ役割もあるということであった。しかし、「流行歌の歴史」はむしろ「限界芸術」が「大衆芸術」と関わる観点から分析しており、メディアとの結びつきが強くなっている文化を考えるときに示唆に富む論考である。これは、

「現代においても、純粋芸術・大衆芸術の発展の契機は、限界芸術に求められる。言語を素材として使用するかぎり、言語による純粋芸術・大衆芸術の最小粒子は、民衆が毎日つくっている限界芸術なのである。」(鶴見 1967: 21)

というところからも考えることが出来るだろう。

[9] 鶴見は「芸術の発展」のなかで柳宗悦について言及しながら、「用いる」「使用する」という言葉を使っている。これは、限界芸術のひとつの形式であるのだが、この「使用」という言葉は、セルトーが「使用者(ユーザー)」から文化や日常的な実践を考察しているところと重なるような議論でもある。セルトーについては、終章も参照。

[10] 「例を上げれば、大衆芸術は、島倉千代子とか坂本九とかの歌う唄です。まああれはすぐ誰でも歌えるってものではないでしょ。しかし、大衆は別に予備知識もなく享受できる。純粋芸術は、ジェームス・ジョイスの小説とかそうふうなものですね。そんなにたくさんの読者はいなかった。日本の私小説も純粋芸術に当たるでしょうね。芸事でも清元とか義太夫とかそういうものは、現在は純粋芸術に当たるかもしれない。文楽もそうでしょうね。これはつくるほうも専門家だが、享受する側にも専門的知識が必要なんです。そして限界芸術というのは、われわれの生活のなかに、普通にあるものですよ。掃除をしながら鼻唄を歌うとか、もっと集団的な形だったら、盆踊りとか阿波踊りとかいうものですね。こ

の限界芸術という考え方を思い立ったのは、私の軍隊の体験からです。兵隊が何もない状態になると。替唄をつくっているんです。」(鶴見 1969a: 73)

[11] これは、例えばアドルノのような文化産業論とはニュアンスが異なるところである(栗谷 2016c, 2018)。

第3章

[1] フォークのころの「うた」を現在において、カバーしているバンドは少なくない。例えば、サンボマスターはライブで岡林信康の曲を演奏している。後に日本語におけるロック音楽をひとつの形にしたはっぴいえんど(細野晴臣、鈴木茂、松本隆、大瀧詠一が在籍)は、岡林のバックバンドとして中津川で開かれた音楽フェスティバルで演奏していた。

[2] 例えばロックンロールの歴史を紐解いてみても、そのルーツとされているのは黒人音楽のリズム・アンド・ブルース、ゴスペルなどの黒人音楽といわれているものと、白人が演奏しているカントリー&ウェスタンなどが混ざり合ってロックンロールという音楽が成立しているのである。また、ラップ、ヒップホップの初期を形作ったアフリカ・バンバータは、およそ黒人の音楽ではなかった、クラフトワークなどのテクノ・ミュージックを参照していた。例えば、アフリカ・バンバータの証言としては、イギリスBBCで製作された『20世紀ポップ・ロック大全集 ダンシング・イン・ザ・ストリート(9)〜ヒップ・ホップ&DJスタイルのルーツ』(1998年、NHKソフトウェア)がある。

[3] トニー・ミッチェルは、グローバルな音楽文化のローカル化との関連でハイブリッド化hybridizationを考察している(Mitchell 1996)。

[4] 鶴見俊輔は、岡林信康について言及している(鶴見 1991a)。

［5］　例えば、千田（1969）。

［6］　また片桐はこの論考の中で「きけ万国の労働者」が軍歌「万朶の桜」の「替え歌」であるというところについて、片桐はそこで鶴見の名前を出してはいないものの、鶴見と同じ例を挙げている（片桐 1975=1979: 139）。この例については、「指摘されるまで気がつかなかった。」と述べているところから、片桐のオリジナルのものではなかったということが示されていて、鶴見を参照していたのではないかと推測される。片桐は、この論考の中で鶴見の「限界芸術」をフォークソングに応用している。また、鶴見は柳田の議論からも「限界芸術」を考察しているが、片桐もこの論文で柳田に言及しており思想的な関連もうかがえる。

［7］　初出は『現代詩手帖』1975年3月号。参照は、『ほんやら洞の詩人たち』（片桐・中村・中山編 1979）所収の同論考から行った。

［8］　「うた」の変化については（片桐 1975=1979: 143）。音源は、片桐、中山容、秦政明編集の『関西フォークの歴史　1966〜1974（1）』エイベックス・イオ、『続　関西フォークの歴史　1966〜1974（3）』エイベックス・イオ、で聴ける。

［9］　例えば、前掲の千田（1969）。

［10］　「じっさい関西フォークの最盛期はまた同時に替歌の最盛期でもあって、『かわら版』一九六九年二月号は特集をしている。」（片桐 1975=1979: 142）。

［11］　グローバルに展開されるポピュラー音楽がローカル化されるときの諸問題については、ミッチェルの議論も参照（Mitchell 1996）。

［12］　『ほんやら洞の詩人たち』の副題は「自前の文化をもとめて」となっている。

［13］　URC（アングラ・レコード・クラブ）は、日本初のインディペンデント・レーベルであるといわ

れている。岡林、高田、はっぴいえんどなども在籍した（黒沢編著 1992）。その他、URCに関する資料として、鈴木（1987）、前田・平原（1993）などを参照した。URCのレコードリリースについては、黒沢編著（1992）、黒沢（2009）と『レコード・コレクターズ』（2003年4月号　特集URC）を参照した。そのほか、URCの音源CD化プロジェクトのCD（エイベックス）も参考にしたが、そこにはオリジナル・レコードに収録されていた岡林信康のうたが省略されていた。後に、岡林のオリジナルアルバムはCDで再発売されている。

[14]　森（2003）、黒沢（1986）（2009）、黒沢編著（1992）など。

[15]　例えば、有馬（2003）。

[16]　また鶴見にとっても、アメリカと日本のベトナム反戦運動をめぐる問題としてのべ平連の活動であったと言えるのではないかと思われる。

[17]　高田はべ平連には批判的である。高田（2001=2008）を参照。

[18]　『かわら版キャラバン』URCレコード、URL-1037、1973年。収録曲は、A1　小林隆二郎「人はみな旅人」／A2　小林隆二郎「今帰仁の城跡にて／A3　小林隆二郎「がじゃまるの木に」／A4　小林隆二郎「次防のうた」／A5　小林隆二郎「ふと…！」／B1　片桐ユズル「片桐ユズル自作詩朗読」／B2　中川五郎「虹の民／B3　中川五郎「革命への手紙」／B4　中川五郎「俺はヤマトンチュ」。

[19]　そして村田は、フォークソングと民謡との相同性にも言及している。「フォークソングは、こういう性質のものだ。民謡だってそうだ。」（村田 1969: 7）。

[20]　それが露わになる契機の一つが、高石友也とフォーク・ゲリラとの日比谷野外音楽堂での論争であった。→第3章。

［21］　例えば、加藤和彦、北山修、はしだのりひこらのフォーク・クルセダーズは社会現象を巻き起こした流行歌のアイドル的グループだった。桜井（1993）も参照。

［22］　このあたりの記述については、高田（2001=2008）を参照した。

［23］　ちなみにヒューズを日本に紹介した木島始は、ジャズに関することやデュボイスの『黒人のたましい』、リロイ・ジョーンズ『ブラック・ミュージック』などを翻訳していた。

［24］　高田渡（2001=2008）『日本に来た外国詩…。』アゲント・コンシピオ　ＡＧＣＡ－１００２。

［25］「日本」という文化がゆらぎをはらんだものであるとの指摘は、文学研究においても見られる（小森 1998）。

［26］『バーボン・ストリート・ブルース』（高田 2001=2008）で、高田は高石や岡林とのうたに対する違いについても述べている。また、鶴見も日常生活のなかの文化を考えている思想家である。鶴見は『アメリカ哲学』（鶴見 1991b）に収録される論文を書いた１９４０年代後半から、すでに小市民の日常生活にまなざしを向けていたのである。鶴見のアメリカ哲学から得たプラグマティズムには日常生活という観点が含まれているのであった。また、鶴見は漫画やテレビ、流行歌など大衆芸術文化に積極的に言及し、人々の生活の基礎となる日常生活を考察していたのである。

［27］　歴史学者、安丸良夫は、

「『民衆』・『大衆』という用語を明確に定義したり、実態存在として規定したりするのは難しい。（略）知識人が『民衆』や『大衆』というとき、それはひとつの抽象であり、具体的なあの人・この人を離れてある媒介された捉え方をしていることを物語っている」（安丸 2012: 56　ここでは鶴見についても言及されている）

と指摘をしているが、東京フォーク・ゲリラのように、それが実体的に新宿駅西口広場に存在していたということも、フォークに意味を与えようとする知識人、批評家にはリアリティを持って受け止められたのだろうと思われる。

［28］「ユーザー」の議論については、粟谷（2008）も参照。

［29］それが「東京フォーク・ゲリラ」のように、「べ平連」の参加者によって歌われるものとしてもあったのである。

［30］例えば、鶴見（1969=1991: 283）。

［31］日本における西洋音楽のインパクトは、まずは江戸時代の海軍における軍楽隊であった。笠原（2001）。

［32］グローバル化の理論については、小川（西秋）（2010）も参照。

第4章

［1］その動向を跡付けていた片桐ユズルによると、関西フォークソング運動は1967年のフォーク・キャンプによって旗あげされ、71年2月の雑誌『フォーク・リポート』がわいせつ容疑で押収、8月の中津川フォーク・ジャンボリーを最後として、「大衆的規模ではあらわれなくなった」と述べている（片桐 1982: 25）。また別のところでは、1969年10月に第一の波が終わったと述べている（片桐 1975: 38）。本章は、第一の波と言われる時期を中心に分析している。そして、次の波として片桐が挙げているのが「フォーク・リポートわいせつ裁判」である。この状況を含む中川五郎のライフヒストリーについての考察は粟谷（2018）を参照。

［2］あるいは、「キー・パースン」は「中間層」指導者であるとも言われている（市井 1963: 40–41）。市井は「キー・パースン」と表記していたが、本書の記述ではキー・パーソンと表記する。

［3］ 片桐の活動については、彼の著作や自伝的聞き語り（片桐 2020）を中心に『ベ平連ニュース』や『フォーク・リポート』の記事なども参照している。また複数回にわたってインタビューを行なっている（2018―2019年）。

［4］ 片桐の活動はグローバルな文化のフローにおけるローカライゼーションのプロセスにおいても考えることが出来る。グローバルな文化のフローとローカルな空間における問題については、例えばアルジュン・アパデュライが考察している（Appadurai 1996=2004: 69-70）。終章も参照。

［5］ 文献が目録として記載されている『片桐ユズル著作目録』（私家版）も参照している。

［6］ 片桐のプロフィールの年譜については、長谷川・片桐（1972）、片桐（2020）を参照している。

［7］ 鶴見らとの「記号の会」というサークルにおいて片桐の『意味論入門』が成果として出版される。「他に、このサークル［記号の会］での議論の副産物として片桐ユズルの『意味論入門』（思潮社）がうまれた。」（鶴見 1969=1992: 367［ ］は引用者による補足）。また、片桐は鶴見らとともに「声なき声の会」にも参加して、その会報（第3号、1960年8月21日）に詩を寄せている。このような流れによって、片桐はベ平連の運動にも参加していくのである。

［8］ 例えば、室謙二は『時代はかわる』において、鶴見の『限界芸術論』を引用しながら東京フォーク・ゲリラについて書いている。この書物には『限界芸術論』から「芸術の発展」が転載されている。

［9］ 『フォーク・リポート』1969年1月号。

［10］ 片桐ユズル「ロックは重いことばを運ぶ」『フォーク・リポート』1970年5月号。あるいは、批評家の小倉エージは、フォークソングの持っていた社会性や批判性をロックと比較している。小倉エージ「ニューロックに見出すもの」『フォーク・リポート』創刊号1969年1月号。

［11］ 労音とは「勤労者音楽協議会の略称」で、それは「勤労者の音楽組織であり、しかも聴衆組織」で

あり、大阪にある労音（大阪労音）では1960年代には音楽評論家で『ニューミュージック・マガジン』を創刊した中村とうようが「アドバイザー的な立場」で関係しながら、黒人フォーク歌手のオデッタの来日公演が行われる。

［12］あるいは、音楽や映像として記録されたものも運動を伝えている。

［13］『関西フォークの歴史についての独断的見解』所収の「関西フォーク年表六六／七四」。

［14］「高石友也後援会報」第4号。片桐（1969a）に収録。

［15］『かわら版キャラバン』URCレコード、1973年。

［16］例えば『ベ平連ニュース』。

［17］この本のカバーには鶴見俊輔がメッセージを寄せている。ここから鶴見とフォークソングの関係が見られるだろう。このメッセージについては、鶴見のこれまでの著作と著作集には未収録の資料となる。栗谷（2016c, 2018）で言及した。

［18］フォークゲリラは映像としても記録されていた。例えば、『'69春〜秋　地下広場』1970年。注36も参照。

［19］中川（1969）、栗谷（2018）。また、URCレコードを作る秦政明も高石友也事務所からマネージメント活動を始めている。そして、高石を始めとした関西フォークの歌手たちは、表現を市民運動（ベ平連運動）と関わらせながら彼らの活動を表象＝代表（represent）していったのである。

［20］ここでは、『うたとのであい』（片桐 1969a）に収録されたものを参照した。

［21］あるいは、このような言葉による表現については、鶴見の「限界芸術論」としての流行歌論は示唆に富むものである。鶴見の「限界芸術論」の内容についての、書誌的、歴史・文化研究の分析は、栗谷（2016c, 2018）。

[22] フォークソング運動の時期に関しては、注1も参照。
[23] 『かわら版』1967年7月号
[24] 高田の外国詩に関する解釈は第3章3節も参照。
[25] たしかに『フォーク・リポート』と『新譜ジャーナル』の執筆者は一部重なっていて、例えば片桐は『新譜ジャーナル』においても「東京フォーク・ゲリラ」について取り上げていた（片桐 1969b）。そして、音楽雑誌に限らず「東京フォーク・ゲリラ」はある種の文化としても注目されていたのである。例を挙げれば、『週刊現代』には、宴会でも歌えるフォーク・ゲリラの歌として記事が掲載されていた（1969年8月14日号）。
[26] フォーク・ジャンボリーは1969年から1971年に開催された。粟谷（2018: 166-167）も参照。
[27] フォークソング運動における替え歌は、パロディとしての側面があると考えられるが、現代アメリカの批判理論のフレドリック・ジェイムソンは、表現に関して重要な指摘をしている。それがポストモダン状況を捉える時のパロディからパスティーシュへの変化である。これは、パロディは社会政治状況への批判が含まれるがパスティーシュはそれが自己言及的なものになっているということであるJameson 1998=2006)。またこのことは、リオタールの大きな物語の終焉を別の領域から考察したものであると考えられるが、日本における批評家、吉本隆明も1980年代に、パンクロッカー遠藤ミチロウを論じる時に、遠藤の歌詞にアイロニーを見ているように、言語や表現の領域の変化が70年代以降進行していると見ることも出来よう。粟谷（2019）も参照。
[28] 放送禁止歌については、森（2003）にも取り上げられている。
[29] このあたりについては、中川五郎へのインタビューを含む考察を、粟谷（2018）において行った。
[30] 「われわれのフォーク運動をどうすすめるか」『フォーク・リポート』1969年11月号、に論争の

模様が収録されている。

［31］『'69日比谷フォークゲリラ集会』ＳＭＳレコード、１９７９年。この音源により当時の状況がより明らかとなった。

［32］例えばこのコンサートが開かれる前に映画『弾痕』の撮影を行っていた（１９６９年9月、東宝）。この映画は、加山雄三主演のアクション映画であったが、劇中にフォーク・ゲリラの様子と高石が新宿駅西口広場でうたを歌うシーンが収録されていた。

［33］協同については、ベッカーの「アート・ワールド」論を参照している。終章を参照。

［34］フォークソング運動はいくつかの音源や映像においても記録されている。この運動を記録した映像としては、東京フォーク・ゲリラについてのドキュメンタリーがあり（『'69春～秋　地下広場』１９７０年。その他『１９６９』（大木・鈴木編著 2014）によると、ＴＢＳ制作で１９６９年６月９日放送の『特捜ズームイン』やドキュメンタリー映画『怒りをうたえ』三部作、１９７０－７１年があった）、音源としてはレコード（１９６９年８月にリリースされた『新宿１９６９年６月』ＵＲＣレコードや１９６９年11月刊行の『べ平連のうた』に付属していたレコードなど）や、あるいは『朝日ソノラマ』に付録していたソノシート（「特集　新宿広場'69」１９６９年８月）のような録音がある。特に、レコードやソノシート、『フォーク・リポート』などにより、フォークソングの活動は速報性のあるものとして読者、聴取者に届いていたということである。

第５章

［１］鶴見の同志社大学大学院文学研究科の講義概要（昭和44年度）には、マクルーハンの著作集が取り上げられている。

［2］ トロント・コミュニケーション学派という名称については、（Marchessault 2005）も参照。マクルーハンの理論は、その後のメディア、コミュニケーション研究者に様々な形で言及され、引用されている。例を挙げれば、ウォルター・J・オングはマクルーハンにも言及しながら、声の文化（オラリティ）と文字の文化（リテラシー）の関係について考察している（Ong 1982=1991）。またヨシュア・メイロウィッツは、マクルーハンのメディア論を社会学者のアーヴィン・ゴフマンの社会的行為論と比較している（Meyrowits 1985）。他にも、ゲリー・ジェノスコが、ジャン・ボードリヤールのマクルーハンから受けた影響を考察しているし（Genosko 1999、粟谷 2011a）、トロントにおけるメディア学者、ジェニー・マーシェソーはマクルーハン についての著書を出版している（Marchessault 2005）。

［3］ マクルーハンの理論を「技術決定論」であるとすることに対しては、浅見克彦から疑問が呈されている（浅見 2003）。

［4］ マクルーハンへの「技術決定論」という批判についても見ておきたい。マクルーハンはなぜそのように批判されるのか。先ほどの有名な「メディアはメッセージである」というテーゼに見られるような、マクルーハンのメディア論が描いているのは、メディアそれ自体の技術的な特性がわたしたちの感覚を拡張し、変容させていくというものである。しかし、ブリティッシュ・カルチュラル・スタディーズの理論的遺産の一人であるといわれているレイモンド・ウィリアムズは、これに異議を唱える。ウィリアムズは、メディア研究において現在でも影響力の大きい『テレビジョン』（Williams 1974=2020）の中で、このようなマクルーハンのメディアの考え方を「技術決定論」であると批判しているのである（*ibid.*: 120–122）。ウィリアムズの批判のポイントは、マクルーハンがメディアを機能的、形式主義的に解釈しているために歴史の欠如を招いているということであり、諸々の社会的実践も考慮していないということである。また、マクルーハンのように社会的諸関係を捨象してテクノロジーを決定的な要因と

してしまえば、メディアにおける権力のダイナミクスを的確に捉えることが出来なくなってしまうのである。

［5］ 中川五郎のライフ・ヒストリーを中心としたフォークソングと表現活動については粟谷（2018）。

［6］ 芸術出版企画編集（1969）『ベ平連のうた』芸術出版。

［7］ 中川と片桐との交流は続けられていて、例えば２０１９年には片桐の詩の朗読とともにジョイントのコンサートを行っている。

［8］ 中川は１９７０年に『フォーク・リポート』の編集を早川義夫、村元武とともに行っている。これが、彼が編集者として活動を始めた、『フォーク・リポート』１９７０年11・12月号であり、ここで中川が山寺和正名義で執筆したフォーク小説「ふたりのラブジュース」がわいせつであるとされて裁判となるのである（粟谷 2018）。裁判では、鶴見も証言を行っている（鶴見 1976b）。この裁判は、片桐によって「はからずも、われわれ自身に、フォークソング運動の総括をしている」というように書かれている（片桐 1975: 40）。

［9］ それは例えば、村田拓が高石が「ベトナムの空」を歌うとき、そこにはベトナムの空と日本の空が続いているというような、アメリカ文化であるフォークソングが日本という場所のなかで「うた」によってローカル化される認識があったのである（村田 1969）。

［10］ 山内清作詞、中川五郎作曲の「うた」である（芸術出版企画編集 1969）。

［11］ フォークソング運動と歌の交差については、例えば、高石の歌や彼の「ベトナムの空」についての村田の批評、高田渡の「東京フォークゲリラ諸君達を語る」、中川五郎の歌などがある。

［12］ 粟谷（2018）を参照。そして片桐は鶴見の「限界芸術」をフォークと関連させている。

［13］ ここで社会的な世界として参照しているのは、ベッカーの「アート・ワールド」である。終章で取

り上げている。

［14］　以下の記述については、粟谷（2018）も参照。

［15］　大学受験と鶴見について、中川は筆者によるインタビューにおいて次のように語っている。

「だから、僕、その、高2ぐらいからべ平連にすごく共感をしていて、で、やはり高校のころ、小田実さんとか、鶴見俊輔さんとか、そのべ平連関係のいろんな方の本を愛読していて、でやはり鶴見さんの『限界芸術論』とかそういうのが、興味があって、でまぁ僕自身、大学行く時に、あの、歌もすでに歌ってたんですけど、何か自分の目指す職業みたいな意識として、ジャーナリストになりたいっていう気持ちがすごくあったんです、そのときは。で、なんかジャーナリズムの勉強を大学でしたいっていうふうに思っていて。（略）

（同志社大学に）新聞学科があるのを知って、でそこのまぁ、中心になって教えられているのが鶴見俊輔さんだっていうことで、でまぁ、行くならここに入りたいなっていうことで、でまぁ第一志望で、同志社の、あの社会学科の新聞学専攻で、受けたんですけど。でなんかまぁ、うまいこと、合格してしまい（略）」　中川五郎氏インタビュー、２０１１年7月20日。粟谷（2018: 144-145）を参照。

［16］　この時のコンサートの模様はＣＤとしても聴くことが出来る。『Pete Seeger in Osaka　１９６７』中山一郎発行、２０２１年。

［17］　『べ平連ニュース』１９６８年2月1日号。

［18］　『べ平連ニュース』１９６９年2月1日号。三橋一夫「新しいフォークソングの可能性」。１９６０年代後半の社会理論において、空間を中心とした分析はアンリ・ルフェーヴルが有名であるが、日本においても羽仁五郎が『都市の論理』において都市空間についての分析を行っており、羽仁の議論はフォークソングという音楽空間を分析する時に三橋一夫によって引用されている。

〔19〕「デモや集会の人集め利用されている感のある現在、フォークそれ自体の持つ意味は、誰が。どこで追求するのか。」「『'69反戦フォークと討論の集い』から」『べ平連ニュース』１９６９年2月1日号。しかし、フォークは流行歌として大衆に受容されていくのがその後の歴史の流れである。フォークにおける「限界芸術」と「大衆芸術」の問題は、第2章を参照。

〔20〕また、小田が編集発行を行っていた『週刊アンポ』においても奥の扉にはうたと楽譜が載っていて、そこにも中川の曲が掲載されていた。確認出来たところでは、『週刊アンポ』１９７０年3月23日号「10月21日の夜に」、１９７０年4月20日号「終る」（詞は山内清、曲が中川五郎）の楽譜と歌詞が掲載されている。

〔21〕『フォーク・リポート』は、書店での販売はほとんどされておらず、流通は主にレコード店であった。

〔22〕１９７６年発行の『フォークリポートわいせつ事件　珍巻』に鶴見の裁判での証言が収録されている。このいきさつは、前出の中川へのインタビューによると、中尾ハジメらを介することで鶴見が証言をしてくれたということである。

〔23〕鶴見は、『フォークは未来をひらく』のカバーに推薦の文を載せている。それは、「われわれの生き方へのチャレンジ」と題され、「信頼できる人間がここにいると私はこの本を読んで感じた。」と述べられている。鶴見はここで、高石、岡林、中川の歌は、作られた歌ではなく「自分の道をきりひらき、自分で感じ、自分の歌をうたう」と書き、それが「われわれの生き方にたいするチャレンジになる。」とフォークソングの持つ一つの側面である自作自演を指摘している。中川も、鶴見が指摘したようなフォークソングには「自分の歌をうたう」つまり自作自演するという側面があるのに、フォーク・ブームの言葉は借り物であるということが問題であると述べていた。そして、稚拙であったとしても「替え歌」

にしてでも自分の歌をうたうことという、うたの可能性についても両者は近いところにいると思われる。ここには、この当時のフォークソングによる「うた」をめぐる思考の共通するテーマが見て取れるだろう。

[24] 集会では高石友也も歌っていた。中川五郎が高石と出会ったのもべ平連の集会であった。

[25] それは「友よ」「機動隊ブルース」(「受験生ブルース」の替え歌、パロディ)などであった。フォーク・ゲリラでは、関西フォークのうたが歌われ、中川五郎も参加していた。中川五郎氏インタビュー2018年6月19日。「東京フォーク・ゲリラ」の活動は映像や音源で確認することができる。

[26] 室(1969: 11-61)。この集会のなかで二人が起訴された。室(1972: 278)も参照。

[27] これは、2000年代における「サウンド・デモ」のような路上の集会に音楽を使用することを、それ以前にかなり早い段階で行っていた試みであると考えられる。もちろん、2000年代以降のサウンド・デモは、車の荷台にサウンドシステムを持ち込んで音楽を流したりDJがプレイしたりするということである。これは、現代のサウンド・デモが音楽を使用することによって「空間」を強調している活動であることを考えると、そこには「東京フォーク・ゲリラ」とも共通する要素があるだろう。毛利嘉孝は、イギリスにおけるノッティングヒルの暴動におけるサウンドシステムを用いたデモを取り上げている(毛利 2003)。

[28] ストローの「シーン」概念は、その後本人によっても取り上げられ(例えば、Janotti Junior 2012)、あるいはいくつかの論者によっても展開されており、「サブカルチャー」や「ムーブメント」から「シーン」を捉える視点なども参照される。そして、ストローはローレンス・グロスバーグから、「シーン」における affective alliance についても言及している。

[29] ストローが挙げているのは、レコードレーベル、音楽雑誌、DJのプレイリストなどである

(Straw 1991=1997)。フォークソング運動はそのアクターとインフラストラクチャーが複合的に交差することで形成されていたのである。

[30] その後のシーンへの影響としては、レコード・コレクターズ、2003年4月号のURC特集では、URCの活動が日本のインディ・レーベルの始祖であると書かれている。

[31] 室(2012)の著者紹介より。

[32] 前掲、立教大学共生社会研究センター所蔵資料。

[33] 室の論文の後に二つの論文をはさんで鶴見の「芸術の発展」が収録されるのだが、ここから両者の議論が関連づけられていることが分かるのである。

[34] 「Sing Out!」は、アメリカのフォークソングの専門誌であるのだが、「マルコムX」や「キューバ音楽」についての記事が掲載されていたり、ミシシッピブルースに関する記事があったりと、いわゆる日本においてフォークソングとして想定されるものばかりではない音楽の広がりがあったのである。

[35] 小田のアメリカ体験である『何でも見てやろう』には、音楽は作曲家や劇場音楽、映画音楽の作曲家、ビート詩人が登場する。ビート詩人といえば、日本では片桐が行っていた詩の朗読会をはじめとしてフォークソング運動と関係があった。

[36] 『週刊アンポ』No.10。「この人と語る」において、東京フォーク・ゲリラの裁判の記事が掲載されている。

[37] 鶴見(1968)。小田(1995: 339)より引用。

[38] 前掲、立教大学共生社会研究センター所蔵資料。

[39] 鶴見が大学在職中に関わった「新聞学」はその学問領域のなかで、ジャーナリズムや政治学、社会学などの領域とともに、大衆文化についての研究も行われていたのであり、それをめぐる知識人たちの

知的なサークルがあったのである。

第6章

[1] 博覧会、万博の社会学研究としては、吉見（2010, 2011）が挙げられる。そして、観光社会学からは、万博に代表される博覧会と観光について複数の領域からのアプローチが必要であるといわれている（多田 2010 を参照）。博覧会と観光については、桑田（2017）。大阪万博については、暮沢・江藤（2014）。

[2] 日本で最初の電子音楽は黛敏郎の作品であり、1965年11月27日NHKラジオ第2放送で流された（柴田 1974=2015: 498）。

[3] 田中（2001: 63）あるいは楢崎（2005: 47）。

[4] 「実験工房」から万博への関連については、槵木野衣によっても指摘されている（槵木 2005）。

[5] 以下の記述は、日本戦後音楽史研究会（2007）、小野（2016）を要約したものである。

[6] このミュージック・コンクレートと電子音楽については、日本戦後音楽史研究会（2007）、酒井（1998）を参照しながら要約した。ミュージック・コンクレートは酒井諄の説明によると、その制作の手段としては、それらの音を様々に結合、接合、複合、変形（総括的に言ってモンタージュ）して一つの作品に録音してまとめ上げるということ、従ってその完成は一つの録音物として、その録音以外にはその作品というべきものは存在しない（酒井 1998: 97）。

[7] 日本戦後音楽史研究会（2007: 257）によると、黛敏郎も両者を「工学技術上の違い」であると認識していたということである。

[8] 黛は、実現されなかった「大原立体音楽堂」の調査委員でもあった。「日本万国博覧会公式資料

集」第15回常任員会の資料より。

[9] 諸井（1965）にも同様の記述がある。

[10] 田中雄二の「日本万国博覧会における「電子音楽（および現代音楽）の使用状況［抜粋］」（田中 2001: 38-40）による、万博における電子音楽の使用については以下のようである。

開会式／「万国博はやってきた」／「音と光のファンタジア」／「環境音楽」／「夜のイベント」／「読売日本交響楽団」／タイム・センター／虹ノ塔／ワコール・リッカーミシン館（一柳慧）／地方自治体館／三菱未来館（伊福部昭）／クボタ館（三木稔）／フジパン・ロボット館（「FUJI SYNPHONYTORON」）／鉄鋼館／日本館／サントリー館（間宮芳生）／テーマ館（太陽の塔）／松下館（松村禎三）／三井グループ館（一柳慧）／タカラ・ビューティリオン（一柳慧）／富士グループ・パビリオン（黛敏郎）／みどり館（黛敏郎「アストロラマ」）／三井グループ館（佐藤慶次郎）／自動車館（佐藤優、石井真木）／東芝IHI館（冨田勲、ミッキー吉野、小室等、大野雄二）／アイ・ビー・エム館（IBMコンピュータの合成音）／古河パビリオン（江崎健次郎）／アメリカ館／イギリス館／ドイツ館／イラン館。

[11] 例えば、暮沢・江藤（2014: 149-150）、平野（2016: 124-125）など。

[12] 大阪万博の芸術関係の計画当時（大原立体音楽堂）において、柴田南雄は、「新しい音楽堂に関する調査研究」における「音楽」の委員を吉田秀和らとともに務めている。「日本万国博覧会公式記録資料集」第15回常任理事会の「『新しい音楽会場（立体音楽）』調査の中間報告」。柴田は日本政府館（2号館）において作品を提供している。ちなみに日本館は入野義朗（4、5号館）、三善晃（3号館）、石井歓（1号館）が担当し、それらはNHKで制作された電子音楽であったということである（田中 2001: 39）。

［13］生誕100年前川國男建築展実行委員会（2006）『建築家 前川國男の仕事』美術出版社。

［14］『武満徹全集 第1巻 管弦楽曲』、『スペース・シアター：EXPO'70鉄鋼館の記録』。

［15］「四季」の初演は、ロビン・エンゲルマンとジョン・ワイアーの入国審査に手間取ったために4人では演奏されなかったという。『武満徹全集 第2館 器楽曲・合唱曲』74ページ。

［16］同（75）のツトム・ヤマシタの記述。

［17］武満は反戦歌である谷川俊太郎作詞の「死んだ男の残したものは」の作曲、また勅使河原宏監督のベトナム脱走兵を描いた『サマー・ソルジャー』、あるいは大島渚の『東京戰争戦後秘話』などの映画音楽を担当していた。

［18］以下の記述は、三精エンジニアリング「鉄鋼館の音響設備」から要約した。

［19］『装置空間EXPO'70』170ページ
［20］武田（1970）。

［21］バード（2006）、立花（2016）を参照。

［22］音楽学的な分析においては、ピーター・バードは武満における「日本的なもの」は「抽象的なもの」であるとも述べられている（バード 2006: 13章）。

［23］『武満徹全集 第5巻 うた、テープ音楽、舞台・TV・ラジオ作品、補遺』、船山（1998）。

［24］船山隆が述べているところであるが、武満は「エクリプス」「ノヴェンバー・ステップス」に続く「ユーカリプス」という曲を、最初は、ユダヤ民族の離散を意味する「ディアスポラ」とつけていたという。これは、船山によれば「［ユダヤ民族が］各所に分散すればするほど、彼らの間の紐帯がつよくなる」という「同一の要素の拡散と離散」を表している。「ディアスポラ」という離散しながらも想像によって紐帯として結びついていく「アイデンティティ」がそこに表象されているということである

（船山 1998: 115–116）。

[25] 鉄鋼館で流された、クセナキスの「ヒビキ・ハナ・マ」（響、花、間）というタイトルからは、たしかに、音それ自体としては邦楽器が使われているということではないのだが、そのタイトルが表象するのは「日本的なもの」という「意味」が構築されたものであると見ることもできる。

[26] 日本繊維協力会編（1970c: ページ番号なし）と松本（1970=1972: 187–188）より要約。

[27] この経過については、日本繊維協力会編（1970a: 70）を要約した。

[28] 『湯浅譲二ピアノ音楽集／テープ音楽集』コロンビアミュージックエンタテイメント。

[29] その他、せんい館の英語文書である「EXPO TEXTILES ASSOCIATION' OUTLINE OF PAVILION "TEXTILES"」も参照した。

[30] 『美術手帖』１９６６年11月号増刊「空間から環境へ」

[31] この曲の構成は次のようであるが、電気通信館では1の〈テレ・フォノ・パシィ Tele-phono-pathy〉が流された。
1.〈テレ・フォノ・パシィ Tele-phono-pathy〉2.〈インタビュー Interview〉3.〈殺された二人の平和戦士を記念して A Memorial for Two Men of Peace, Murdered.〉、中辻（2014）より。

[32] 佐野光司による解説。

[33] 「テーマ展示プロデューサーの人選と構想」『日本万国博覧会公式記録』日本万国博覧会協会、あるいは、岡本の発言「そこで、7月中南米へと発つ前日、テーマ・プロデューサーをお引きうけした。」「第8回テーマ委員会」『日本万国博覧会公式記録資料集別冊 D-1 専門委員会会議録1』191–192。

[34] 岡本は、「万国博に賭けたもの」においても「構想にとりかかる前から、私は『ベラボーなもの』をつくると宣言した。」と書いている（岡本 1971=2011: 547）。その後、針生一郎との対談においても

「ベラボー」について語られている。

［35］『日本万国博覧会公式記録資料集別冊　B10　常任理事会会議録10』財団法人日本万国博覧会協会

［36］岡本との対談においては「だから、［万博］くたばれではなくて、やっぱりもう少しコミットする、なにかすべきだというふうに思うんだけど、どういうふうにそれをしていいか、わかんないですね。」とも語られている。

［37］『武満徹全集 第5巻　うた、テープ音楽、舞台・TV・ラジオ作品、補遺』（30-31）

［38］「アート・ワールド」については、ハワード・S・ベッカーの議論を参照している。（→終章）

終章

［1］この論文からの引用は、基本的に村田訳によっているが、文脈の関係でAdorno（1941=2002）を参照しながら訳文を変更したところがある。

［2］コンヴェンションについては、デヴィッド・ルイスによる研究がありベッカーも参照しているが、ベッカーはむしろコンヴェンションを社会学的に説明するために、それをサムナーの「フォークウェイズやモーレス」の概念と対比させながら考察しているところがある（Becker 1984, 2008=2016: 332-333）。なお、コンヴェンションは訳書では、「規則」と訳されているが、「ルール」との混同を避けるために、原書を参照の上、「コンヴェンション」とした。

［3］ベッカーは「ワールド」を次のように語っている。

「私の考えるワールドはとても異なったものだよ。もちろんそれはかなりメタファーでしかないけれどね。しかしワールドというメタファーには——フィールドのメタファーには全く当てはまらないように思えるんだ——人間が含まれている。お互いに注目することが要求されることをしている最中の、他者の存在を絶えず意識的に配慮し、他者が何をするかの見地から自分のすることをかたち作っている、あらゆる人たちが含まれているんだ。こうしたワールドでは、人々は、自分たちを取り巻く謎めいた外部的な諸力に自動的に反応しているのではない。そうではなくて、彼らは自分の行為の方向を、他者がいかに自分のすることに反応するかを見ながら、また他者がすでにしたことや次にたぶんするはずのことと噛み合うように自分が次にすることを調整しながら、次第に展開させていくんだ。」（Becker 1984, 2008=2016: 406）

そしてワールドを、

「あれこれの結果を生産するための協同する人々からなるワールド、たとえその分野でもっと権力をもった人たちが、自分のやりたいことを承認も認知もしない時ですら協同する他者を見つけられるワールド、重要で受け入れ可能なのは何かを定義するための権力が、特定の行為者には安定的に与えられていないワールドという考え方が――こうした状況でワールドという考え方が意味をもつし、分析的に有効だろう。」（同：409）というように人々の協同から述べている。そして、そこで「コンヴェンション」と共に考察しているのである。

［4］ ルフェーヴルは「『ユーザー』という言葉はあいまいで疑わしい言葉である。」と言い、「ユーザーの空間」については、「生きられるのであって、表現される（あるいは思考される）のではない。」と述べている（Lefebvre 1974=2000: 521）。そして、近・現代社会における抽象的社会的労働になぞらえられる抽象空間における「ユーザー」の沈黙についても言及している（同：99）。しかし、専門家の抽象空間に比べられるユーザーの活動空間である「具体的空間」については、「なかば公共的でなかば私的な空間であり、出会いの場であり、経路であり、通路である。」と定義され、「具体的な空間が優位になれば、空間を多様化することができる。」（同：521-522）といわれている。

［5］　ハーヴェイは、ネグリ＝ハートの「マルチチュード」や「共」の議論を都市空間における問題からも見出せることを指摘している（Negri, Harvey, Hardt 2009=2013）。

［6］　またファンの雑誌も「スターを作るのはファンで、その地位はまったくファンのおかげだとするのに手を貸し、火を付ける」（Fiske 1992: 40）。だから「受容の時こそが、ファン文化の再生の時になるのである」（*ibid.*: 41）と言われるのである。

［7］　カルチュラル・スタディーズによって展開されているアーティキュレーション articulation の理論については、粟谷（2008）も参照。

あとがき

私のこの10年の研究テーマは、鶴見俊輔の大衆文化に関する思想と関西フォークソング運動を歴史・文化社会学の観点から考察するというものである。

私が鶴見俊輔と関西フォークについて研究しようと考えたのは、日本の文化をフィールドに経験的な研究を始めたいと思ったからである。ちょうど音楽については、2002〜3年頃にエイベックスから再発されたURCの音源を聴いていた。同時期には、阪神・淡路大震災後の復興における音楽を中心とした文化の実践について調べていたのだが、日本のポピュラー音楽を聴きなおす過程において出会ったのが関西フォークだった。その歌詞やサウンドに、これまで聴いたことのなかったものを感じて研究と関連させて考えていきたいと思った。この時期には、大島渚の『日本春歌考』『新宿泥棒日記』『帰って来たヨッパライ』のようなフォークソングが登場する作品を観ていて、大島の映画においても取り上げられていたフォークソングの意味について考えてみようと思った。

その関連が見えてきたのが、片桐ユズル氏の論考だった。鶴見とフォークソングとの関係についても、本書で考察した片桐氏の「替歌こそ本質なのだ」において、「限界芸術」について言及されていたことを知ったことによる。鶴見の文化論については学生時代になんとなく読んでいたこともあり、日本の文化研究で学位論文を書きたいと思っていたので、集中的に調べていった。幸い、２０１１年に鶴見が在職していた同志社大学新聞学の歴史社会学に関する研究テーマで助成を受けることが出来たので、研究の励みになった。その研究成果は、私の博士学位論文とその書籍化である『限界芸術論と現代文化研究』として刊行した。本書は、その流れの中から発展させたものである。

鶴見の１９６０年代後半における大衆文化の思想が、限界芸術論や、そして日本においてフォークソングを運動として捉えていた片桐氏の活動にも関わりがあるということは本書でも述べてきた通りである。片桐氏の活動から見えてくるのが、素人の活動と市民運動に関わる表現の問題である。片桐氏はフォークソングについて記述するときに、鶴見の限界芸術論を応用しながらフォークソングを捉えている。ここから浮かび上がるのが、フォークソングは素人が行う音楽活動であるということであった。

また、片桐氏が著したフォークソング運動の歴史についての論考や、関わっていた雑誌（『フォーク・リポート』など）やミニコミ（『かわら版』）、市民運動関係の資料（『ベ平連ニュース』など）と、フォーク歌手の演奏の音源などの分析から、フォークソング運動が複合的なメディアや実践によって構成された領域であることも分かった。また、中川五郎氏らフォークソング運動に関わったひとびととの連携によってもその領域が立ち上がっていたということも理解できた。

本書では、運動に関係するひとびとの連携した行為によって構築された領域をどのように捉えるのか、ということを課題とした。このような運動の領域については、社会学者のハワード・S・ベッカーのいう「アート・ワールド」論からアイデアを得ている。考えてみれば、すでに最初に刊行した著書（『音楽空間の社会学』青弓社、２００８年）の研究においても、震災復興における音楽の空間が関係するひとびとの協同する行為からいかに構築されていたのかということがテーマだった。

本書にはこれまで発表した論考が含まれている。いずれも加筆をおこなっている。

「鶴見俊輔から「ひとびと」の社会学へ」『同志社社会学研究』第22号、２０１８年
「戦後日本の表現文化とキー・パーソン」『同志社社会学研究』第25号、２０２１年
「書評『復刻　資料「中津川労音」』」『ポピュラー音楽研究』第25号、２０２１年
『表現文化の社会学入門』ミネルヴァ書房、２０１９年

本書には、議論の必要上『限界芸術論と現代文化研究』（粟谷 2018）の内容の一部の要約と改稿、参考文献に挙げたこれまで発表した論考から一部を改稿の上収録しているところもある。もちろん本書は、これまでの業績と研究を進めることで得られた新たな知見により構成された成果であることを記しておきたい。

また、日本ポピュラー音楽学会、朝日カルチャーセンター、立命館大学立命館アジア日本研究機構プロジェクト研究と進化経済学会での発表が、本書の研究を進める上で貴重な機会となった。

本書の研究において、片桐ユズル氏、中川五郎氏、吉岡忍氏、室謙二氏には、当時についての貴重

なお話を聞かせていただいた。私の質問に対して丁寧にお答えいただいたことで、フォークソング運動と市民運動の交差についての理解が深まった。記して感謝したい。特に、片桐氏にはコロナ前には継続してお話を聞かせていただき、時代の文化の立体的な視座を得ることができた。

これまでの研究成果をまとめる過程において、編集を担当していただいた新曜社の原光樹さんに感謝したい。原さんとは音声ＳＮＳのクラブハウスで知り合い、研究の話をして企画を練るうちに今回出版する運びとなった。本書は、JSPS科研費（JP18K00224）の助成を受けた研究成果の一部である。

最後に、粟谷都子とともに研究がこのように出版できることを喜びたい。

２０２３年６月

粟谷佳司

人名・グループ・団体名索引

さ　行

た　行

な 行

は 行

ま 行

や　行

ら　行

わ　行

事項索引

アルファベット

あ　行

か　行

さ　行

た　行

な　行

は 行

ま 行

や 行

ら 行

わ 行

参考文献

[邦語文献]

秋葉武（2007）「1960年代における NPO の生成（下）」『立命館産業社会論集』*43*(2)

浅見克彦（2003）「形態としてのメディア、思考のハイブリッド」『グローバル・ヴィレッジ　21世紀の生とメディアの転換』青弓社

天野正子（1992）「民衆思想への方法的実験」安田常雄・天野正子（編）『戦後「啓蒙」思想の遺したもの』久山社

有馬敲（2003）『時代を生きる替歌・考』人文書院

粟谷佳司（2008）『音楽空間の社会学』青弓社

―――, (2011a)「トロント・コミュニケーション学派からトロントのメディア文化研究へ」『KAWADE 道の手帖　マクルーハン』河出書房新社

―――, (2011b)「限界芸術論からのメディア文化史」『メディア・コミュニケーション』*61*（慶應義塾大学メディア・コミュニケーション研究所）

―――, (2012)「戦後日本の知識人と音楽文化」『立命館産業社会論集』*48*(2)（立命館大学産業社会学会）

―――, (2013)「グローバライゼーションにおけるメディアの変容と協働」伊藤陽一ほか（編著）『グローバル・コミュニケーション』ミネルヴァ書房

―――, (2016a)「空間、文化、運動」日暮雅夫ほか（編）『現代社会理論の変貌』ミネルヴァ書房

―――, (2016b)「鶴見俊輔の大衆文化研究とその応用」浪田陽子ほか（編）『メディア・リテラシーの諸相』ミネルヴァ書房

―――, (2016c)「限界芸術論と現代文化研究　戦後日本の知識人と大衆文化についての社会学的研究」同志社大学博士学位論文

―――, (2018)『限界芸術論と現代文化研究　戦後日本の知識人と大衆文化についての社会学的研究』ハーベスト社

―――, (2019)「表現において『サブ・カルチャー』とは何か　カルチャーの瓦解の中での遠藤ミチロウと吉本隆明」『ユリイカ』*57*(15)

栗谷佳司・遠藤保子・平石貴士（2014）「震災復興における表現文化とメディア」『立命館産業社会論集』*49*(4)
栗津潔ほか（1969）「参加者の論理と批判者の論理」針生一郎（編）『われわれにとって万博とはなにか』田畑書房
池井望（1996）「比較限界芸術論」井上俊ほか（編）『日本文化の社会学』岩波書店
市井三郎（1963）『哲学的分析』岩波書店
────．（1976）「解説」『鶴見俊輔著作集１　哲学』筑摩書房
────．（1978）『歴史を創るもの』第三文明社
伊藤制子（2000）「武満徹におけるフランス音楽の受容　ドビュッシー、メシアンを中心に」『季刊エクスムジカ』２号
井上さつき（2009）『音楽を展示する　パリ万博1855-1900』法政大学出版局
宇佐見圭司（1970）「万国博・発想から完成まで　鉄鋼館」『美術手帖』1970年６月号
宇野重規編（2016）『リーディングス　戦後日本の思想水脈　第３巻　民主主義と市民社会』岩波書店
岡林信康（1969a）「俺とフォークソングの怪しい関係にかんする報告」高石友也・岡林信康・中川五郎、フォークキャンプ監修『フォークは未来をひらく』社会新報
岡林信康（1969b）「クソクラエ放談」『うたうたうた　フォーク・リポート』1969年９月号
岡本太郎（1971=2011）「万博に賭けたもの」『対極と爆発』ちくま学芸文庫
岡本太郎（2011）『対極と爆発　岡本太郎の宇宙１』ちくま学芸文庫
岡本太郎・針生一郎（1968=2011）「万博の思想」『対極と爆発　岡本太郎の宇宙１』ちくま学芸文庫
小川（西秋）葉子（2010）「サステナビリティとノンリニアリティ」小川（西秋）葉子・川崎賢一・佐野真由子（編著）『〈グローバル化〉の社会学』恒星社厚生閣
小熊英二（2009）『1968（上・下）』新曜社
小倉エージ（2015）「私とURC　レーベル誕生の背景となった関西フォークの動き」『レコード・コレクターズ』2015年５月号
小田実（1968）「人間・ある個人的考察」小田実（編）『市民運動とは何か

べ平連の思想』徳間書店
――――, (1995)『「べ平連」・回顧録でない回顧』第三書館
小田マサノリ (2003)「殺すな一九六七の記(とその追記)」『美術手帖』2003年6月号
小野光子 (2016)『武満徹 ある作曲家の肖像』音楽之友社
加太こうじ・佃実夫編 (1970)『流行歌の秘密』文和書房
片桐ユズル (1963)『詩のことば日常のことば』思潮社
――――, (1968)「フォーク学校の構想」『思想の科学』1968年9月号
――――, (1969a)『うたとのであい』社会新報
――――, (1969b)「クールなメディア」『新譜ジャーナル』1969年10月号
――――, (1970)『意味論入門』思潮社
――――, (1975)『関西フォークの歴史についての独断的見解』URC レコード
――――, (1974=1979)「替歌こそ本質なのだ」片桐ユズル・中村哲・中山容(編)『ほんやら洞の詩人たち』晶文社
――――, (1982)『高められたはなしことば』矢立出版
――――, (2020)『忘れてもいいように』アレキサンダー・アライアンス・ジャパン
片桐ユズル編 (1975)「付 歴史年表」『関西フォークの歴史についての独断的見解』URC レコード
加藤伸昭 (2009)「ヤニス・クセナキス研究 建築と音楽をつなぐパラメータ設定についての考察」九州大学大学院修士論文 http://www.hues.kyushu-u.ac.jp/education/student/pdf/2009/2HE08075N.pdf
笠原潔 (2001)『黒船来航と音楽』吉川弘文館
鹿島茂 (2017)『吉本隆明1968』平凡社
鹿島茂・松原隆一郎・福田和也 (2005)『読んだ、飲んだ、論じた 鼎談書評二十三夜』飛鳥新社
菅孝行 (1980)『鶴見俊輔論』第三文明社
北河賢三 (2014)「鶴見俊輔の思想・方法と大衆の思想」赤澤士朗ほか(編)『戦後知識人と民衆像』影書房
暮沢剛巳・江藤光紀 (2014)『大阪万博が演出した未来』青弓社
黒川創 (2009)「はじめに ほかの世界で、また会おう」『思想の科学』五十年史の会(編)『「思想の科学」ダイジェスト 1946〜1996』思想の科学社

――――, (2018)『鶴見俊輔伝』新潮社
黒沢進（1986)『資料　日本ポピュラー史研究〈初期フォーク・レーベル編〉』SMC 出版
――――, (2009)『日本フォーク紀　コンプリート』シンコー・ミュージック
黒沢進編著（1992)『日本フォーク紀』シンコー・ミュージック
桑田政美（2017)『博覧会と観光』日本評論社
芸術出版企画編集（1969)『べ平連のうた』芸術出版
小泉文夫・阿久悠・鶴見俊輔・多田道太郎・佐藤誠三郎・山本直純・井上ひさし・富岡多恵子・宮川泰（1978)『歌は世につれ』講談社
国際技術協力協会編（1968)『万博70出展のために』国際技術協力協会
後藤和彦（1973)「コミュニケーション史の研究史」江頭文夫・鶴見俊輔・山本明（編著)『講座・コミュニケーション２　コミュニケーション史』研究社
小森陽一（1998)『「ゆらぎ」の日本文学』日本放送出版協会
酒井諄（1988)『音楽の体験と思索』音楽之友社
桜井哲夫（1993)『思想としての60年代』ちくま学芸文庫
椹木野衣（2005)『戦争と万博』美術出版社
柴田南雄（1988=2013)「今日世界の音楽創造における東西の遭遇」『声のイメージ』岩波書店
――――, (1974=2015)「日本の電子音楽の歴史と現状」『柴田南雄著作集』国書刊行会
絓秀実（2008)『吉本隆明の時代』作品社
鈴木勝生（1987)『風に吹かれた神々』シンコー・ミュージック
鈴木一誌（2014)「宙づりの思想」大木晴子・鈴木一誌（編)『1969』新宿書房
生誕100年前川國男建築展実行委員会（2006)『建築家・前川國男の仕事』美術出版社
千田和宏（1969)「新しいプロテスト『替え歌』のすべて」『新譜ジャーナル』1969年５月号
添田馨（2010)『吉本隆明　論争のクロニクル』響文社
高石友也・岡林信康・中川五郎（1969)『フォークは未来をひらく』社会新報
高田渡（2001=2008)『バーボン・ストリート・ブルース』ちくま文庫

高畠通敏（1975）「解説」『鶴見俊輔著作集　第２巻』筑摩書房
多木浩二（2000）『ベンヤミン「複製技術時代の芸術作品」精読』岩波書店
武田明倫（1970）『鉄鋼館の記録』日本鉄鋼連盟
武満徹（1975=2000）「スペース・シアターに関する基本理念」『武満徹著作集１』新潮社
多田治（2010）「観光を社会学的にとらえるエッセンス」遠藤英樹・堀野正人（編著）『観光社会学のアクチュアリティ』晃洋書房
立花隆（2016）『武満徹　音楽創造の旅』文藝春秋
田中雄二（2001）『電子音楽 in JAPAN』アスペクト
辻井喬・上野千鶴子（2008）『ポスト消費社会のゆくえ』文藝春秋
鶴見俊輔（1948=1992）「ひとびとの哲學についての中間報告（一）」『思想の科学・芽２』久山社
――――,（1950=1991）「アメリカ哲学」『鶴見俊輔集１　アメリカ哲学』筑摩書房
――――,（1955a）「伝記について」思想の科学研究会（編）『民衆の座』河出書房
――――,（1955b）『大衆芸術』河出書房
――――,（1956=1961）「折衷主義の哲学としてのプラグマティズムの方法」『折衷主義の立場』筑摩書房
――――,（1957=1991）「プラグマティズムの発達概説」『鶴見俊輔集１　アメリカ哲学』筑摩書房
――――,（1959=1975）「戦後日本の思想　大衆の思想」『鶴見俊輔著作集　第２巻　思想Ⅰ』筑摩書房
――――,（1960）「根もとからの民主主義」『思想の科学』1960年７月号
――――,（1960=1976）「いくつもの太鼓のあいだにもっと見事な調和を」『鶴見俊輔著作集　第５巻　時論　エッセイ』筑摩書房
――――,（1962）「流行歌の歴史」加太こうじ・鶴見俊輔ほか『日本の大衆芸術』社会思想社
――――,（1963=1991）「大正期の文化」『鶴見俊輔集５　現代日本思想史』筑摩書房
――――,（1964）「大衆芸術」清水幾太郎（編）『現代思想事典』講談社新書
――――,（1964=1975）「吉本隆明」『鶴見俊輔著作集　第２巻　思想Ⅰ』

筑摩書房（初出は「吉本隆明についての覚え書き」『思想の科学』1964年11月号）
――――, (1967)『限界芸術論』勁草書房
――――, (1968)「日本とアメリカの対話」『世界』1968年10月号
――――, (1969a)「限界芸術論再説」川添登（編）『現代デザイン講座 4　デザインの領域』風土社
――――, (1969b)「解説　大衆の時代」鶴見俊輔（編著）『大衆の時代』平凡社
――――, (1969c)「牧歌時代以降」小田実（編）『べ平連とは何か』徳間書店
――――, (1969=1991)「無意味にめざめよ」『鶴見俊輔集 7　漫画の読者として』筑摩書房
――――, (1969=1992)「記号の会について」『鶴見俊輔集 3　記号論集』筑摩書房
――――, (1973)「コミュニケーション史へのおぼえがき」江頭文夫・鶴見俊輔・山本明（編著）『講座・コミュニケーション 2　コミュニケーション史』研究社
――――, (1975)『鶴見俊輔著作集　第 4 巻　芸術』筑摩書房
――――, (1976a)「略年譜」『鶴見俊輔著作集　第 5 巻　時論・エッセイ』筑摩書房
――――, (1976b)「証言記録」フォークリポートわいせつ裁判を調査する会（編）『フォークリポートわいせつ事件　満巻』プレイガイドジャーナル社
――――, (1976c)『限界芸術』講談社学術文庫
――――, (1976=1991)「冗談音楽の流れ」『鶴見俊輔集 6　限界芸術論』筑摩書房
――――, (1980=1991)「漫画の読者として」『鶴見俊輔集 7　漫画の読者として』筑摩書房
――――, (1981)「哲学者市井三朗の冒険」鶴見俊輔・花田圭介（編）『市井の哲学者・市井三郎』思想の科学社
――――, (1982a)「哲学者市井三郎の冒険」『市民の論理学者　市井三郎』思想の科学社
――――, (1982b)『戦時期日本の精神史』岩波書店
――――, (1984)『戦後日本の大衆文化史』岩波書店

———, (1987=1991)「柳宗悦」『鶴見俊輔集２　先行者たち』筑摩書房
———, (1991a)『鶴見俊輔集６　限界芸術論』筑摩書房
———, (1991b)『鶴見俊輔集１　アメリカ哲学』筑摩書房
———, (1991c)『鶴見俊輔集５　現代日本思想史』筑摩書房
———, (1993)「人と作品　理知と感情と意思」与謝野晶子『愛、理性及び勇気』講談社文芸文庫
———, (1996)「解説　三十六年たって」『復刻版　声なき声のたより第１巻　1960〜1970』思想の科学社
———, (1997=2008)『期待と回想』朝日文庫
———, (1999)『限界芸術論』ちくま学芸文庫
———, (2001)『鶴見俊輔集　続４　柳宗悦・竹内好』筑摩書房
———, (2009)「思想の言葉　態度と知識　『思想の科学』小史」『思想』2009年５月号
鶴見俊輔編・解説 (1969)『大衆の時代』平凡社
鶴見俊輔・上野千鶴子・小熊英二 (2004)『戦争が遺したもの』新曜社
鶴見俊輔・岡本太郎 (1970)「日本の伝統と私」『語りつぐ戦後史　3』思想の科学社
鶴見俊輔・小田実 (2004)『手放せない記憶』編集工房SURE
鶴見俊輔・多田道太郎・樋口謹一 (1951)「ルソーのコミュニケイション論」桑原武夫 (編)『ルソー研究』岩波書店
鶴見俊輔・多田道太郎・樋口謹一 (1951=1975)「ルソーのコミュニケーション論」『鶴見俊輔著作集　第１巻　哲学』筑摩書房
鶴見俊輔・長谷川幸延・福田定良 (1956=1996)「文化と大衆のこころ」『鶴見俊輔座談　文化とは何だろうか』晶文社
東谷護 (1995)『日本におけるフォークソングの展開　社会史的側面より』(JASPMワーキング・ペーパー・シリーズ) 日本ポピュラー音楽学会
東谷護編著 (2021)『復刻　資料「中津川労音」』風媒社
遠山一行 (1986)「武満徹と『戦後』」『遠山一行著作集１』新潮社
外島健吉ほか (1968)「座談会　EXPO '70と鉄鋼館」『鉄鋼界』1968年７月号
中川五郎 (1969)「ぼくにとってうたとは何か」高石友也・岡林信康・中川五郎、フォークキャンプ (監修)『フォークは未来をひらく』社会新報

中辻小百合（2014）「湯浅譲二の創作における声の新しい役割と可能性　言語コミュニケーションを主題化した作品群の分析研究」国立音楽大学博士論文
中山容（1975）「尻つぼみか？京都フォーク運動」『関西フォークの歴史についての独断的見解』URCレコード
楢崎洋子（2005）『武満徹』音楽之友社
西澤晴美ほか編（2013）『実験工房展　戦後芸術を切り拓く』読売新聞社
日本繊維館協力会編（1970a）『せんい館』日本繊維館協力会
————,（1970b）『せんい館　繊維は人間生活を豊かにする』日本繊維館協力会
————,（1970c）『せんい館　EXPO'70ポケットガイド』日本繊維館協力会
日本戦後音楽史研究会（2007）『日本戦後音楽史（上）戦後から前衛の時代へ　1945-1973』平凡社
長谷川竜生・片桐ユズル（1972）『長谷川竜生　片桐ユズル　現代詩論６』晶文社
ジュディス・アン・ハード（2000）「武満徹と日本の伝統音楽」『武満徹　音の河のゆくえ』平凡社
ピーター・バード（2006）『武満徹の音楽』小野光子（訳）音楽之友社
花田達朗（1996）『公共圏という名の社会空間』木鐸社
原田達（2001）『鶴見俊輔と希望の社会学』世界思想社
針生一郎（1969）「反博」『現代の眼』1969年10月号
————,（1979）『戦後美術盛衰史』東京書籍
針生一郎編著（1969）『われわれにとって万博とはなにか』田畑書店
日高六郎（1960）『現代イデオロギー』勁草書房
平野暁臣（2016）『万博の歴史　大阪万博はなぜ最強たり得たのか』小学館クリエイティブビジュアル
フォークリポートわいせつ裁判を調査する会編（1976）『フォークリポートわいせつ事件珍巻』プレイガイドジャーナル社
船山隆（1998）『武満徹　響きの海へ』音楽之友社
「ベトナムに平和を！」市民連合編（1974）『資料・「べ平連」運動（上・中・下）』河出書房新社
べ平連：〈ベトナムに平和を！〉市民連合（1974）『べ平連ニュース・脱走兵通信・ジャテック通信・縮刷版』べ平連〈ベトナムに平和を！〉市民

連合
宝月誠（2010）「シカゴ学派社会学の理論的視点」『立命館産業社会論集』*45*(4)
前田祥丈・平原康司（1993）『60年代フォークの時代』シンコー・ミュージック
松岡祥男（2005）「吉本隆明の対談について」『吉本隆明対談選』講談社文芸文庫
松本俊夫（1970=1972）「狂気とエロス」『映画の変革　芸術的ラジカリズムとは何か』三一書房
丸之内リサーチセンター編（1968）『日本万国博事典』丸之内リサーチセンター
水野みか子（2010）「1970年大阪万博のシュトックハウゼン　音楽における空間性理念の側面から」『先端芸術音楽創作学会　会報』２巻３号
三井徹（2011）「『ニューミュージック・マガジン』創刊までのこと」『アルテス』創刊号
南博（1968=2010）「解説」マーシャル・マクルーハン＆クエンティン・フィオーレ（著）、南博（訳）『メディアはマッサージである（新装版）』河出書房新社
三橋一夫（1979）『フォークってなんだ』日本放送出版協会
村田拓（1969）「はじめに」高石友也・岡林信康・中川五郎、フォークキャンプ監修『フォークは未来をひらく』社会新報
室謙二（1969）「フォークソングはひとつのスタイルか」室謙二（編著）『時代はかわる』社会新報
――――，（1972）「東京フォーク・ゲリラはいま？」『人間として』９号
――――，（2012）『非アメリカを生きる』岩波新書
室謙二編著（1969）『時代は変わる』社会新報
毛利嘉孝（2003）『文化＝政治』月曜社
森達也（2003）『放送禁止歌』知恵の森文庫
諸井誠（1965）「電子音楽」『20世紀の音楽』音楽之友社
安田常雄（1992）「『思想の科学』・『芽』解題」安田常雄・天野正子（編）『戦後「啓蒙」思想の遺したもの』久山社
安田常雄・天野正子編（1992）『戦後「啓蒙」思想の遺したもの』久山社
安丸良夫（2012）『現代日本思想論』岩波書店
柳田益造（2010）「1970年大阪万博のシュトックハウゼン　西ドイツ館ス

ナップショット」『先端芸術音楽創作学会　会報』*2*(3)
山口定（2004）『市民社会論』有斐閣
URC レコード編発行『関西フォークの歴史についての独断的見解』URC レコード
湯浅譲二ほか（2011）「ライナーノート」『日本の電子音楽 vol. 14　大阪万博・せんい館の音楽』オメガポイント
横尾忠則（1970）『未来への脱走』講談社
————,（2015）『ぼくなりの遊び方、行き方　横尾忠則自伝』ちくま文庫
吉岡忍（1971）「広場の思想」吉岡忍（編）『フォークゲリラとは何者か』自由国民社
吉岡忍編（1971）『フォークゲリラとは何者か』自由国民社
吉田秀和（2008）「二つの道　広瀬と武満」『吉田秀和全集第12巻』白水社
吉田光邦（1985）『万国博覧会　技術文明史的に』NHK ブックス
吉見俊哉（2000）「メディアを語る言説」栗原彬・小森陽一・佐藤学・吉見俊哉『内破する知』東京大学出版会
————,（2010）『博覧会の政治学』講談社学術文庫
————,（2011）『万博と戦後日本』講談社学術文庫
吉本隆明（1964）「解説　日本のナショナリズム」『現代日本思想体系 4　ナショナリズム』筑摩書房
吉本隆明・鶴見俊輔（1972）「どこに思想の根拠をおくか」吉本隆明『どこに思想の根拠をおくか　吉本隆明対談集』筑摩書房
和田悠（2005）「鶴見俊輔と『思想の科学』の1950年代」有末賢・関根政美（編）『戦後日本の社会と市民意識』慶應義塾大学出版会

[外国語文献]

Adorno, Theodor W. 1941 "On Popular Music" *Studies in Philosophy and Social Sciences*. Vol. 9=2002「ポピュラー音楽について」（村田公一訳）『アドルノ　音楽・メディア論集』平凡社
————, 1945 "A Social Critique of Radio Music" *The Kenyon Review*, Vol. 7, no. 2=2002「ラジオ音楽の社会的批判」（吉田寛訳）『アドルノ　音楽・メディア論集』平凡社
————, 1962 *Einleitung in die Musiksoziologie*=1999『音楽社会学序説』（高辻知義・渡辺健訳）平凡社

———, 1963 *Dissonanzen, Musik in der verwalteten Welt*=1998『不協和音』（三光長治・高辻知義訳）平凡社
———, 1968 *Ohne Leitbild*=2017『模範像なしに』（竹峰義和訳）みすず書房
———, 2002 "On popular music" *Essays on Music*, University of California Press
Appadurai, Arjun 1996 *Modernity at Large*, University of Minnesota Press=2004『さまよえる近代』（門田健一訳）平凡社
Avenell, Simon Andrew 2010 *Making Japanese Citizens: Civil Society and the Mythology of the Shimin in Postwar Japan*, University of California Press
Awatani, Yoshiji 2010 "Media Space and 'Users': A Study in Media and People's Practice after the Great Hanshin-Awaji Earthquake" *Keio Communication Review, 32*
Becker, Howard S. 1984, 2008 *Art Worlds*, University of Chicago Press=2016『アート・ワールド』（後藤将之訳）慶應義塾大学出版会
Benjamin, Walter 1936 "Das Kunstwerk im Zeitalter seiner technischen Reproduzierbarkeit"=2000「複製技術時代の芸術作品」『ベンヤミン「複製技術時代の芸術作品」精読』（野村修訳）岩波書店
Berland, Jody 2009 *North of Empire*, Duke University Press
Certeau, Michel de 1980 *L'Invention du quotidien, 1, Arts de faire*, Gallimard=1987『日常的実践のポイエティーク』（山田登世子訳）国文社
Clarke, Adele E. and Susan Leigh Star 2008 "The Social Worlds Framework: A Theory/Methods Package" Edward J. Hackett, Olga Amsterdamska, Wiebe E. Bijker, Michael Lynch and Judy Wajcman eds, *The Handbook of Science and Technology Studies*（*3rd ed*）, The MIT Press
Fiske, John 1989 *Reading the Popular*, Routledge=1991『抵抗の快楽』（山本雄二訳）世界思想社
———, 1992 "Cultural Economy of Fandom" Lisa A. Lewis ed, *Adoring Audience*, Routledge
Fraser, Nancy 1992 "Rethinking the Public Sphere" Craig Calhoun ed. *Habermas and Public Space*, MIT Press=1999「公共圏の再考」『ハーバ

マスと公共圏』（山本啓ほか訳）未來社
Gelder, Ken and Sarah Thornton eds. 1997 *The Subcultures Reader*, Routledge
Gilmore, Samuel 1990 "Art Worlds: Developing the Interactionist Approach to Social Organization" Howard S. Becker and Michal M. McCall eds, *Symbolic Interaction and Cultural Studies*, University of Chicago Press
Genosko, Gary 1999 *McLuhan and Baudrillard*, Routledge
Gilroy, Paul 1993 *The Black Atlantic*, Polity Press
———, 1994 *Small Acts: Thoughts on the Politics of Black Cultures Serpents*, Tail
Habermas, Jürgen 1962 *Strukturwandel der Öffentlichkeit*. Suhrkamp =1994『公共性の構造転換』（細谷貞雄ほか訳）未來社
———, 1992 *Faktizotät und Geltung*, Suhrkamp=2003『事実性と妥当性』（河上倫逸ほか訳）未來社
Hall, Stuart 1997 "The Work of Representation" Stuart Hall ed. *Representation*, Sage
Harvey, David 2012 *Rebel Cities*, Verso=2013『反乱する都市』（森田成也ほか訳）作品社
Helguera, Pablo 2011 *Education for Socially Engaged Art: A Materials and Techniques Handbook*, Jorge Pinto Books=2015『ソーシャリー・エンゲイジド・アート入門　アートが社会と深く関わるための10のポイント』（アート＆ソサイエティ研究センター SEA 研究会訳）フィルムアート社
Horkheimer, Max and Theodor W. Adorno 1947 *Dialektik der Aufklärung: Philosophische Fragmente*=2007『啓蒙の弁証法』（徳永恂訳）岩波文庫
Jameson, Fredric 1998 *The Cultural Turn*, Verso=2006『カルチュラル・ターン』（合庭惇ほか訳）作品社
Janotti Junior, J. S. 2012 "Interview: Will Straw and the importance of music scenes in music and communication studies" *E-Compós, 15*(2)
Jenkins, Henry 2006 *Convergence Culture: Where Old and New Media Collide*, NYU Press=2021『コンヴァージェンス・カルチャー　ファンとメディアがつくる参加型文化』（渡部宏樹ほか訳）晶文社
Latour, Bruno 1991=1997 *Nous n'vons jamais été modernes*. La

Découverte=2008『虚構の「近代」』（田村久美子訳）新批評
Law, John and John Hassard eds. 1999 *Actor Network Theory and After*, Blackwell
Lefebvre, Henri 1974=2000 *La Production de l'espace*, Anthulopos=2000『空間の生産』（斎藤日出治訳）青木書店
Marchessault, Jenine 2005 *Marshall McLuhan: Cosmic Media*, Sage
Massey, Dreen 2005 *For Space*, Sage=2014『空間のために』（森正人ほか訳）月曜社
McLuhan, Marshall 1962=2011 *The Gutenberg Galaxy*, University of Toronto Press=1986『グーテンベルクの銀河系』（森常治訳）みすず書房
———, 1964=1994 *Understanding Media*, MIT Press=1987『メディア論』（栗原裕訳）みすず書房
McLuhan, Marshall and Quentin Fiore 1967 *The Medium is the Massage*, Peinguin Books LTD=2010『新装版　メディアはマッサージである』（南博訳）河出書房新社
McLuhan, Marshall and Bruce R. Powers 1989 *The Global Village*, Oxford University Press=2003『グローバル・ヴィレッジ』（浅見克彦訳）青弓社
Meyrowits, Jpshua 1985 *No Sense of Place: The Impact of Electronic Media on Social Behavior*, Oxford University Press=2003『場所感の喪失〈上〉　電子メディアが社会的行動に及ぼす影響』（安川一ほか訳）新曜社
Mitchell, Don 1995 "The End of Public Space? People's Park, Definitions of the Public, and Democracy" *Annals of the Association of American Geographers, 85*(1)=2002「公共空間は終焉したか？」（浜谷正人訳）『空間・社会・地理思想』大阪市立大学大学院地理学教室
Mitchell, Tony 1996 *Popular Music and Local Identity*, Leicester University Press
Moores, Shaun 1993 *Interpreting Audiences: The Ethnography of Media Consumption*, Sage
Negri, Antonio and Michael Hardt 2004 *Multitude*, Penguin Books=2005『マルチチュード（上・下）』（水嶋一憲ほか監修）NHK 出版
Negri, Antonio. David Harvey and Michael Hardt 2009 "Commonwealth:

An Exchange" Artforum, November 2009=2013「『コモンウェルス』をめぐる往還」(吉田裕訳)『現代思想』2013年7月号
Negus, Keith 1996 *Popular Music in Theory*, Wesleyan University Press
Ong, Walter J. 1982 *Orality and Literacy: The Technologizing of the Word*, Routledge=1991『声の文化と文字の文化』(林正寛ほか訳) 藤原書店
Pessin, Alain and Howard S. Becker 2008 "Epilogue to the 25th Anniversary Edition: A Dialogue on the Ideas of 'World' and 'Field'" Howard S. Becker *Art World*, University of California Press=2016「二五周年記念版へのエピローグ「ワールド」と「フィールド」の考え方についての対話　アラン・ペザンと共に」『アート・ワールド』(後藤将之訳) 慶應義塾大学出版会
Strauss, Anselm L, 1993 *Continual Permutations of Action*, Routledge
Straw, Will 1991=1997 "Communities and scene in popular music" Ken Gelder and Sarah Thornton eds, *The Subcultures Reader*, Routlrdge
Strinati, Dominic 1995 *An Introduction to Theories of Popular Culture*, Routledge=2003『ポピュラー文化論を学ぶ人のために』(渡辺潤ほか訳) 世界思想社
Swingewood, Alan 1977 *The Myth of Mass Culture*, Palgrave=1982『大衆文化の神話』(稲増龍夫訳) 東京創元社
Tsurumi, Shunsuke 1987 *A Cultural History of Postwar Japan 1945-1980*, Routledge
Urry, John 2000 *Sociology beyond Societion*, Routledge=2006『社会を越える社会学』(吉原直樹監訳) 法政大学出版局
Williams, Raymond 1961 *The Long revolution*, Chatto and Windus 1961 Pelican Books 1965, Reprinted 1980=1983『長い革命』(若尾悠ほか訳) ミネルヴァ書房
————, 1974=1992 *Television*, Wesleyan University Press=2020『テレヴィジョン』(木村政雄ほか訳) ミネルヴァ書房
————, 1976=1983 *Keywords*, Harper Collins=2011『完訳キーワード辞典』(椎名美智ほか訳) 平凡社
————, 1978 *Marxism and Literature*, Oxford University Press
————, 1981 *Culture*, William Collins Son & Co. Ltd=1985『文化とは』(小池民男訳) 晶文社

Xenaxis, Iannis 1971 *musique architecture*, Castermen=1975『音楽と建築』（高橋悠治訳）全音楽譜出版社

［その他の資料］

・日本万国博覧会公式記録

『日本万国博覧会公式記録資料集別冊　B－10　常任理事会会議録10』財団法人日本万国博覧会協会、1971年
『日本万国博覧会公式記録資料集別冊　D－1　専門委員会会議録１』財団法人日本万国博覧会協会、1971年
『日本万国博覧会公式記録第１巻』日本万国博覧会記念協会、1972年

・雑誌

『うたうたうた　フォーク・リポート』1969年１月号～1973年春号
『装置空間 EXPO'70』『商店建築』1970年３月号増刊、商店建築社
〈デザイン批評編集委員会〉『デザイン批評』季刊第６号、風土社、1968年

・ミニコミ

『かわら版』1967年９月号～1973年12月号

・会報

社団法人思想の科学研究会編（1982）『思想の科学　会報１』柏書房
『復刻版　声なき声のたより　第一巻　一九六〇――一九七〇』思想の科学社、1996年
『復刻版　声なき声のたより　第二巻　一九七〇――一九九五』思想の科学社、1996年

・映像

『'69春～秋　地下広場』DVD『1969』所収、新宿書房
『弾痕』1969年９月、東宝

・音源

『'69日比谷フォークゲリラ集会』SMS レコード、1979年
『朝日ソノラマ』付録ソノシート、1969年
『関西フォークの歴史』URC レコード、1974年

『新宿1969年６月』URC レコード、1969年
『ベ平連のうた』芸術出版付属のレコード、1969年
小澤征爾（1970=2015）『スペース・シアター　EXPO '70 鉄鋼館の記録』ソニー・ミュージック
小学館出版局武満徹全集編集室編（2002）『武満徹全集 第１巻　管弦楽曲』小学館
小学館出版局武満徹全集編集室編（2003）『武満徹全集 第２巻　器楽曲・合唱曲』小学館
小学館出版局武満徹全集編集室編（2004）『武満徹全集 第５巻　うた、テープ音楽、舞台・TV・ラジオ作品、補遺』小学館
湯浅譲二（1995=2009）『湯浅譲二ピアノ音楽集／テープ音楽集』コロンビアミュージックエンタテイメント
湯浅譲二ほか（2011）『日本の電子音楽 vol. 14　大阪万博・せんい館の音楽』オメガポイント

・その他
昭和44年度　同志社大学大学院文学研究科　講義概要

著者略歴

栗谷佳司（あわたに　よしじ）

1968年生まれ。同志社大学大学院文学研究科社会学専攻博士後期課程満期退学。博士（社会学）。現在、立命館大学衣笠総合研究機構プロジェクト研究員。著書に『限界芸術論と現代文化研究』（ハーベスト社）、『音楽空間の社会学』（青弓社）、『表現文化の社会学入門』（共編著、ミネルヴァ書房）など。

新曜社

表現の文化研究
鶴見俊輔・フォークソング運動・大阪万博

初版第1刷発行　2023年9月15日

著　者　栗谷佳司

発行者　塩浦　暲

発行所　株式会社　新曜社
〒101-0051　東京都千代田区神田神保町3-9
電話（03）3264-4973(代)・FAX(03)3239-2958
e-mail　info@shin-yo-sha.co.jp
URL　https://www.shin-yo-sha.co.jp/

印刷所　星野精版印刷

製本所　積信堂

ISBN978-4-7885-1760-8 C1030